大学生职业生涯规划与就业指导

李卫东　顾问
杨光敏　主审
李品林　主编

科学出版社
北京

内 容 简 介

本书立足于大学生职业生涯规划与就业指导的理论知识与训练活动，突出实用性和实践性。本书共12章，主要内容包括职业生涯规划概述、自我探索、职业社会认知、职业生涯决策、职业社会资源梳理及能力需求探索、大学生职业期待、个人简历与面试、职业发展初期角色转换与心理调适、职业技能提升、就业权益保护、大学生自主创业、大学生就业准备。本书内容涵盖了从职业生涯规划到就业指导的全部内容，能够有效地指导大学生开展职业生涯规划与就业实践。同时，本书设置了大量的训练活动，让学生模拟职业生涯规划与就业实践，以更有效地提升大学生的就业能力。

本书既可作为高等院校职业生涯规划与就业指导的公共基础课教材，也可作为职场人士提高职业生涯规划能力与就业能力的参考书。

图书在版编目(CIP)数据

大学生职业生涯规划与就业指导/李品林主编. —北京：科学出版社，2021.2

ISBN 978-7-03-067562-0

Ⅰ.①大… Ⅱ.①李… Ⅲ.①大学生–职业选择–高等学校–教材 Ⅳ.①G647.38

中国版本图书馆CIP数据核字（2020）第269870号

责任编辑：宋 芳 都 岚 / 责任校对：马英菊
责任印制：吕春珉 / 封面设计：东方人华平面设计部

科学出版社出版
北京东黄城根北街16号
邮政编码：100717
http://www.sciencep.com

三河市骏杰印刷有限公司印刷
科学出版社发行 各地新华书店经销
*
2021年2月第 一 版 开本：787×1092 1/16
2022年8月第四次印刷 印张：13 1/2
字数：304 000

定价：43.00元

（如有印装质量问题，我社负责调换〈骏杰〉）
销售部电话 010-62136230 编辑部电话 010-62135517-8028

前　　言

开展大学生职业生涯规划与就业指导教育，是贯彻落实教育以人为本、提高质量指导方针的具体体现，是新时代社会主义核心价值观教育的重要内容，是建立和完善高校毕业生就业服务体系的重要举措，是全面加强就业、创业教育和就业指导服务的必然要求。

大学生作为未来的社会主义建设者，在建设创新型国家的过程中肩负着神圣而艰巨的任务和责任。在这种形势下，加强大学生职业生涯规划、就业与创业指导，提高大学生的就业能力，具有重要的现实意义。

本书以大学生职业生涯规划、就业指导理论为基础，结合当前的就业形势及大学生的心理特点与需求，结合大学生就业与创业实践，以案例分析来引导大学生对职业生涯规划、就业与创业知识的吸收与理解，帮助大学生树立正确的职业价值观和正确的择业观，掌握求职方法和技巧，提高主动适应社会的能力；同时，为大学生创业者提供创业知识准备和创业项目开发的指导。本书内容涵盖了从职业生涯规划到就业指导的全部内容，是一本系统、全面的职业生涯规划与就业指导教材。

本书共 12 章。在内容安排上，每章精心选取了相应主题的案例故事，通过“案例导读”引导大学生进行科学理性的择业、就业与创业，通过理论知识和训练活动等内容，为大学生构建系统的理论知识和技能实践体系，帮助大学生从感悟迈向行动，以期改善大学生的择业观，增强大学生的就业能力，帮助大学生在求职择业和进入职场时把握机遇，在未来的职业发展中更加从容和稳健。

本书由李品林担任主编，由崔莎莎、邓志祥、揭水平、刘晓明、闵杰担任副主编。具体编写分工如下：李品林编写第一、五、六、七、九章，揭水平、李品林编写第二章，闵杰、李品林编写第三、四章，邓志祥、崔莎莎编写第八、十、十一章，刘晓明、崔莎莎编写第十二章。

本书在编写过程中，参考了国内外大量职业生涯规划、就业与创业指导方面的文献资料，借鉴了一些专家学者的理论观点。书中引用的案例与材料有些改编自期刊、网络，在此向相关著作者表示衷心的感谢。

由于编者水平有限，书中难免存在疏漏和不妥之处，恳请广大读者提出宝贵意见，以便更好地修订和完善。

编　者

2020 年 7 月

目　　录

第一章 职业生涯规划概述

案例导读

中华儿女多奇志，不爱红装爱武装

周某，女，中国共产党党员，江汉大学美术学院2018届毕业生，于2016年9月积极响应国家号召应征入伍，2017年4月下连分配到某部队，担任话务×班话务员。由于表现突出，还是新兵的她下连没多久就被培养成骨干，于2018年1月正式任副班长一职至今。

周某选择携笔从戎，源于她自幼对军人的崇拜。穿着军装在鲜艳的八一军旗下傲然挺立，把青春和热血奉献给党和国家，在人生的轨迹上写满铁血荣光，是令人自豪的事情。能够披上戎装报效国家，在部队尽情彰显女子风采，不知是多少青少年的梦想。周某不仅实现了这个梦想，而且在追梦的路上留下了绚丽的风采。

1. 思想进步，在校做好学生

2013年9月入学的周某在新生入学教育结束后，便向党组织递交了入党申请书，表明自己的理想和愿望，愿加入中国共产党，为共产主义事业奋斗终生，并于2015年11月16日正式成为预备党员。她说入党的最初动力来自爷爷，一名很严格的党员。如今，她的爷爷还积极参加各种组织活动，发挥余热。江西省南昌市麻丘镇精神文明办宣传的“身边好人”第九期专栏和麻丘镇第一届“好家风、好家规、好家训”的“最美家庭”都曾报道爷爷的事迹，在爷爷的身上她看到共产党员的优秀品质，也对党员和党有了认同。

周某在校期间表现优秀，大一、大二担任班级学习委员，大三担任班级宣传委员，还担任寝室长，大四上学期应征入伍。平时，她积极参加学校举办的各项文体活动、讲座及志愿者服务活动：电视台志愿服务、关爱养老院老人志愿服务、关爱留守儿童暑期志愿服务等；2014 年 4 月被评为优秀团员；在 2014 年“江汉之春”校园文化节之《江汉大学学生行为守则》知识竞赛中荣获三等奖和优秀个人奖；2014 年 12 月荣获“校三等奖学金”，同时荣获“校优秀学生”荣誉称号；2015 年 3 月获得武汉市人民政府奖学金及荣誉证书；同年 12 月获得国家励志荣誉证书及奖学金；其毕业雕塑作品《兵 · 心》被美术学院收藏。

2. 申请入伍，在部队当好兵

大三那年夏天，冯老师的一堂征兵宣传课，让周某对军队的使命非常向往，决定申请入伍。2016 年 9 月，周某通过严格的审核，成了女新兵。

踏入新兵营的第一天，周某被安排在排头班。三个月的新兵营生活，每天训练都非常严格，周某与战友们咬牙坚持。每天超过 10 小时的训练使她的皮肤不再细腻。强烈的紫外线照射、风吹雨打、泥土中匍匐，使她皮肤黝黑，手脚磨出了老茧，伤痕遍布全身。班长告诉周某，战场上没有女人，只有军人；如果受不了这些苦，上战场就等于当敌人的靶子。新兵训练结束后，周某与战友们一起进行了 4 个月的业务学习。要想做一名合格的话务员，必须通过“脑、耳、口、手”四功训练。“本以为当兵再也不用读书、写作业、考试了，没想到……”周某和战友们发出了一样的感慨。业务学习结业后，周某被分配到中心通信站，成为一名通信兵。除正常值班执勤之外，她还担负营院应急处突分队成员，并积极主动参加各项公差保障任务。在教新同志业务时，她最认真负责。在业余生活中，周某积极展示自己的绘画特长，连队的宣传海报都由她完成。同时她前后担任晚会主持人五六次，并参与各项歌舞表演。2017 年 8 月底，周某和其他 20 名战友被选拔去广西壮族自治区桂林市桂林中学担任军训教官，她以身作则、言传身教，训练方法灵活有效，业余活动内容丰富多彩、形式新颖，所带班级同学自始至终团结、紧张、严肃、活泼。在最后一天的会操中，她所带的班级荣获一等奖及优秀班级奖。

周某是副班长，更是一名中共党员，她一直以身作则，发扬了党员带头模范作用，用实际行动和表现得到领导和战友们的充分认可。

3. 军、校协力，共筑无悔青春

2017 年 12 月 8 日晚，江汉大学美术学院王书记与辅导员冯老师带着校方批准的“美术学院关于周某在服役期间完成学业”的申请到达桂林，9 日上午探望周某，并与其单位领导进行沟通。通过沟通达成共识，部队允许周某在服役期间通过远程视频函授、自习等方式完成大四学业，并允许其请假一次返校完成毕业答辩及毕业事宜。

顺利毕业的周某向组织递交了留队申请。青春在于奋斗，理想在于拼搏。周某为自己能踏上军旅生涯，成为一名通信战士感到无比骄傲和自豪。今后她将像雷锋同志那样，把有限的生命投入到无限的为人民服务之中去，视驻地为故乡，视群众如父母，一如既往，再创佳绩，把全部精力奉献给自己所钟爱的国防事业。

（资料来源：根据江汉大学学生案例改编。）

第一节 初识职业生涯规划

一、职业生涯规划的相关概念

“职业”的英文是 career，是指一个人在特定领域内从事的某类专门工作并承担相应的责任和义务。职业包括“职”和“业”：“职”强调社会职责、权利和义务；“业”强调业务、事业、事情。职业同时具备个体和社会属性。综合来说，职业就是社会中的人参与社会分工，利用专门知识技能，创造物质或精神财富，获取合理报酬，满足物质和精神需求的群体性活动。

“生涯”一词包含着人生的边际、限度。《庄子・养生主》说：“吾生也有涯，而知也无涯。”美国生涯理论专家萨珀认为，生涯是生活中各种事件的演进方向与历程，统合了个人一生中各种职业与生活角色，由此表现出个人独特的自我发展形态，是人自出生到退休后一连串有酬或无酬职位的综合。除了职位外，还包括任何与工作有关的角色，如家庭、公民角色等。这里的生涯不仅是指个体的自然生命历程，还指个体的社会影响广度，个体在社会群体中所扮演的角色，以及这种角色所承担的社会责任。

一般来说，规划是指对未来整体性、长期性、基本性问题的思考、考量和对未来整套行动方案设计的过程。需要注意的是，“规划”与我们日常工作中所做的“计划”不同，计划是在工作或行动以前预先拟订的具体内容和步骤，如科研计划、学习计划；规划是比较全面的长远的发展计划，比如“十三五”规划等。可以说，计划是规划的延伸与展开，规划与计划是集与子集的关系，即“规划”里面包含着若干个“计划”，它们的关系既不是交集的关系，也不是并集的关系，更不是补集的关系。

综合上述相关概念的理解，可以将职业生涯规划定义为：个人结合自身情况、眼前的机遇及制约因素，为自己确立职业方向、职业目标，选择职业道路，确定教育计划、发展计划，确定行动时间和行动方案，是对职业生涯乃至人生进行持续的系统的计划过程。

二、职业生涯规划对个人的重要意义

（一）对大学生人生发展具有战略指导作用

职业生涯规划对大学生人生发展具有战略指导作用，体现在以下几方面。

1）可以帮助大学生更好地了解自己，如对自己的能力、兴趣和爱好等形成客观的评价，并在此基础上有意识地去了解可靠的就业信息，进而更科学、更合理地进行职业选择。

2）可以使大学生的各项能力得到有效提高。大学生应该充分利用高校的教育资源，有目的地进行学习和锻炼，全面提高自己的就业能力。

3）有利于大学生自我目标的实现。通过职业生涯规划，为自己制定发展目标和奋斗方向，使自己的学习目标更加明确，进而为之付出更多的努力。

（二）发掘自我潜能、增强个人实力

通过职业生涯规划能够发掘自我潜能、增强个人实力的重要意义，体现在以下几方面。

1）使大学生清楚地认识自己的人格特质，以及明确现有的或潜在的资源优势，进而不断地完善自己的价值取向。

2）引导大学生了解自己的优缺点，并在此基础上不断发扬优点、改正缺点。

3）使大学生自觉建立科学的职业发展目标规划，并从中发现自己的目标与现实之间存在的差距。

4）使大学生将职业定位与实践充分结合，进而搜索或发现新的或潜在的职业机会。

5）促使大学生运用更加科学的方法提高自身的职业竞争力。

（三）增强发展的目的性与计划性

从严格意义上来说，职业生涯规划可以增强发展的目的性与计划性，并且可以提升就业成功的概率。职业发展不是盲目地碰运气，而是要树立明确的目标。很多人事业受挫，其重要原因是事业规划工作没有做好。毕竟，好的计划才是成功的开始。

（四）提升应对竞争的能力

如今，大学生身处一个竞争激烈的时代，大学生毕业后要想具有一定的市场竞争力，在校期间一定要认识到职业生涯规划的重要性。在调查中，总是会看到这样的情况：许多大学毕业生毕业后就急于向企业投递简历，并把能否找到满意的工作归结于自身运气、人际关系或者口才，而没有充分认识到能不能找到好工作，还与自身是否具有强烈的职业规划意识有着较为密切的关系。

（五）具有调动积极性的作用

职业生涯规划有利于大学生积极认真地学习，并不断地充实和完善自己。大学生制定了自己的职业生涯规划后，就会使学习状态由被动变为主动，并努力去实现自己所定下的职业目标，而当他们全身心地投入学习之后，即使遇到再多的困难和挫折，也不会轻易放弃，而是会在内心不断地鼓励自己为了目标而奋斗。总之，他们的学习主动性和积极性会得到充分的调动。

三、职业生涯规划的基本流程

（一）确立人生目标

目标就像射箭的靶心，如果没有瞄准靶心，即使你的射击能力再强，也不会有方向

感。青少年时期已经具备一定的洞察力和技巧，可以分析自我，确立人生目标，同时也知道如何运用自身的优势和能力，去追求自己的人生目标。当我们有了明确的目标，并不断地努力追求，才可能不断地做出修正，并去实现这个目标。

（二）自我评估

职业生涯规划是一个“由内而外”的过程，在进行职业生涯规划时，要先认识自己，包括自己的兴趣、爱好、特长、性格、学识、专业、技能、智商、情商、思维方式等，明确自己想干什么、能干什么，以便在众多的职业中选择最适合自己的职业。大学生进行职业生涯规划，应主要从成长经历、专业优势、职业倾向等方面进行自我评估，要回答以下几个问题。

1）我的兴趣是什么？

2）我的性格有哪些特点？

3）我愿意在工作中使用哪些技能？

4）我最渴望在工作中获得什么？

进行自我评估可以采用自我剖析、职业测试、角色建议等方法。

（三）环境分析

职业生涯规划不能只从自我需要出发，还得结合现实社会的需要进行环境分析。也就是说，职业生涯规划不能脱离现实、闭门造车、自说自话，这样只会让自己制定的发展目标不切实际，无法实现。

在进行系统的自我评估之后，还要进行深入的环境分析，包括建立职业的概念，探究专业与职业的关系，了解职业的分类和人才市场的需求，把适合自己的职业对从业人员的各种要求、条件和待遇等，进行宏观层面的社会环境分析、中观层面的行业与地域环境分析和微观层面的组织环境分析。

（四）职业生涯决策

综合考虑自我职业倾向与现实的职业生涯发展机会的匹配情况，并结合自己的专业优势，评估在职业生涯发展方向上取得成功的成本与概率，就可以理性地做出决策。

（五）职业目标的设定

大学阶段的职业目标设定，主要是确定初次择业的职业方向和阶段目标。职业目标设定是制定职业生涯规划的关键，通常有短期目标、中期目标、长期目标和终极目标之分。职业目标的设定要以自己的才能、性格、兴趣、环境机会等为依据。设定初步目标之后，需要对目标进行分解，以利评估目标实现的可行性，并根据细分目标制订具体实现的计划。

职业目标的设定应注意以下几方面：①依据客观事实，考虑个人与社会、单位的关系；②评估职业的条件、要求、性质与自身条件的匹配情况，选择与自己特长相匹配、经过努力能很快胜任、有发展前途的职业；③扬长避短，不要追求十全十美的职业；④审时度势，及时调整，要根据情况的变化及时调整职业目标，不能一成不变。

（六）职业发展路径选择/职业选择

"条条大路通罗马"，每个人都有适合自己的职业发展路径，但每个人的成功之路都不相同，谁也不能完全复制别人的路径。职业发展路径是指一个人选定职业后，从什么方向上努力实现自己的职业目标。例如，是向专业技术方向发展，还是向行政管理方向发展。发展方向不同，要求也就不同。因此，在制订职业发展行动计划之前，必须结合职业生涯决策做出职业发展路径选择，以便安排今后的学习和工作。

（七）策略实施

策略实施就是制订实现职业目标的行动方案，并采取具体措施。没有行动，实现职业目标就是空想。按职业生涯规划的短期、中期、长期和终极目标制订阶段性的行动方案，再将阶段性的行动方案细化到日常可操作的层面，并坚决执行。

（八）评估调整

事物总是处在不断的变化之中。由于自身及外部环境条件不断变化，职业生涯规划也要随之调整。影响职业生涯规划的内外部因素有很多，有些变化是难以预测的。由于对自身或外界环境的认识不足，大学生最初确定的职业生涯目标可能比较模糊或抽象，有时甚至是错误的。经过一段时间的实践之后，应该有意识地回顾自己的行为得失，检验自己的职业定位与职业方向是否合适，并在实施策略的过程中自觉地总结经验和教训，通过反馈与修正，纠正最终职业目标与分阶段职业目标的偏差，保证职业生涯规划的有效性。

第二节 职业生涯规划的基本形态及成功法则

一、职业生涯规划的基本形态

日本职业生涯专家高桥宪行将职业生涯形态分为超级巨星型、卓越精英型、劳碌型、中兴二代型、暴起暴落型等 18 种[①]。我国台湾学者洪凤仪将职业生涯形态分为步步高升

① 罗双平，2003. 职业生涯规划的含义及其形态[J]. 中国青年研究（8）：5-6.

型、得天独厚型、一心多用型等 7 种[①]。根据个人进入职业生涯时的起点、退出职业生涯时的成就水平，以及在职业生涯发展过程中的重大转折点，可以将职业生涯形态分为以下 6 种。

（一）少年得志型

少年得志型的人对于自己的职业并没有花太多时间去尝试，因为家庭关系或机遇，很早就确定了职业方向。

例如，张宇高中毕业后父母就送他到法国留学，之后又到美国攻读工商管理硕士。他的法语、英语都很好，并具备企业管理知识。工商管理硕士还没毕业，他就在美国实习、工作，以丰富自己的工作经验。在 30 岁那年，他回国掌管家族企业。在公司里他先从基层做起，只花了 1 年时间就升到部门经理。张宇是个青年才俊，不到 35 岁就是公司的总经理了。

（二）逐步上升型

逐步上升型的人在职业生涯发展过程中，认真经营，一步一个脚印地发展。

例如，王强在一家颇具规模的家电公司工作，他从家电业务员做起，由于业绩良好，又能吃苦且服务周到，客户都非常欣赏他。后来，公司派他去南方开拓市场，他业绩突出。几年后，他被提升到总公司担任业务经理、业务副总经理。

（三）大器晚成型

大器晚成型的人在职业生涯发展前期没有取得什么特别的成就，但能在某一领域辛勤耕耘、厚积薄发，在职业生涯发展后期取得了较大的成就。

例如，相传姜尚的先世为贵族，在舜时为官，因功被封于吕（今河南南阳）。后来家道中落，至姜尚时已沦为贫民。为维持生计，姜尚年轻时曾在商都朝歌（今河南淇县）宰牛卖肉，又到孟津卖酒。他虽贫寒，但胸怀大志，刻苦学习，始终孜孜不倦地研究、探讨治国兴邦之道，以期有朝一日能够大展宏图，为国效力。直到暮年，遇见西伯侯姬昌，被拜为“太师”（武官名），尊称太公望。他辅佐姬昌建立霸业，后来周武王即位后，尊他为“师尚父”，成为周国军事统帅。

（四）大起大落型

大起大落型的人在职业生涯发展中，因多次变换职业或遭受重大挫折，而使职业生涯发展表现出较大的波动性。

例如，5 年前，王霞被看好会升为财务经理，但公司内某些人对王霞所负责的财务工作不满意。王霞气得想要离职。后来，王霞主动请调到分公司工作。几年后，当初对

① 洪凤仪，2002. 一生的职业规划[M]. 广州：南方日报出版社.

她工作不满意的人有的离职、有的退休。总公司为了发挥王霞的财务专长，再度将她调回，并升她为财务总监。

（五）因故中断型

因故中断型的人的职业生涯发展因为受某些因素的影响而停顿，处于停滞或衰退状态。

例如，赵红在广告公司上班，她的丈夫是一名医生，晚上常常值班。如果赵红忙于工作，家中的事情就没有人料理，小孩没有人照顾。无奈之下，她辞掉喜爱的工作。结婚 15 年，她的职业生涯也中断了 15 年。目前，赵红的生活重心在家庭与丈夫的事业上。虽然有些遗憾，但看到孩子的成长与丈夫的成就，她也颇为满足和骄傲。

（六）一生平庸型

一生平庸型的人在职业生涯发展中，职位没有得到很大提升，一直从事基层职位的工作。

例如，佳玲大学毕业后，进入高校从事行政管理工作，面对激烈的职场竞争，她觉得为了获得晋升而透支自己的身体不值得，而且她认为自己应该将重心放在家庭和健康上。在职业生涯发展中，佳玲虽然没有取得很大成就，但生活幸福感很高。

二、职业生涯规划的成功法则

（一）匹配法则

匹配法则是指人的特质要尽量与职位所需的特质相匹配。匹配法则主要包括人—职匹配和人—组织匹配两个方面，其本质是个人与行业、职业、组织的匹配。匹配的原则是“人适其岗”与“岗得其人”，根据个体不同的素质，将不同的人安排在各自最适合的岗位上，从而做到人尽其才。所以，这里的匹配是双重匹配关系：一是岗位要求与个人知识、技能、能力相匹配。只有任职者具备多于岗位要求的素质并达到规定的水平，才能很好地胜任岗位，获得最大绩效。二是工作供给与个人职业期待相匹配。众所周知，企业与个人是一个利益共同体，企业是个人职业生涯的舞台，为岗位挑选合适的人，同时提供条件满足个人内在的职业需求，只有个人的职业幸福感提升，人才的作用才能发挥到最大化，公司才会得到相应的回报，企业和个人才能实现真正的双赢。

（二）命运法则

“命运”一词在《现代汉语词典》（第 7 版）中的解释是“生死、贫富和一切遭遇”。命与运是两个不同的概念，其中“命”是指先天所赋予的，如出生的家庭、地域、种族、性别等。“运”是指具有获得性、未知性、可以改变的东西，如观念、知识、能力、个人努力等。职业生涯发展的命运法则就是基于对个人内职业生涯[①]的认知与探索，扬长避短，通过后天的勤奋和努力，在职业生涯中实现成功。

（三）取舍法则

取舍法则，简而言之就是为了得到某些东西而放弃其他东西。有这样一则寓言：一头毛驴要吃草，毛驴的左右两边各放一堆青草，先吃哪一堆呢？毛驴在犹豫不决中饿死了。其实在职业生涯的各个阶段，都面临着种种选择，都有一个机会成本是大还是小的问题，不同的选择有不同的职业生涯，也会造就不同的人生。在进行选择时，只有学会放弃，才能使自己更睿智，不患得患失。当需要放弃时，就果断地放弃。放得下，才能走得远。我们应该明白：有小失，才能有大得；有局部之失，才能有整体之得。

此外，职业生涯规划的原则还包括利益整合原则、协作进行原则、时间梯度原则、发展创新原则等。

无论是哪种原则，我们在思考和制定自己的职业生涯规划时需要注意以下几点。

1）我们确立的目标应该是明确的，各阶段的发展目标和总目标应该是一致的。

2）计划是可行的，预设的目标和实现的路径具有弹性，可依据环境和条件的变化进行调节。

3）职业发展目标符合自己的性格、兴趣和特长，能够对自己产生内在的激励作用。

4）个人发展目标与组织目标具有一致性和协同性，个人与他人的发展具有合作性和协调性。

5）职业发展目标的实现路径应该是清晰的，拟定职业生涯规划时必须考虑职业生涯发展的整个历程。

6）职业生涯规划的制定应该有一定的阶段性的目标要求和标准，可测评、可检查，自己能随时掌握规划的执行情况，并实时调整行动方案。

第三节　大学生职业生涯规划的基本理论

一、特质—因素理论

特质—因素理论，又称为人—职匹配理论，是用于职业选择、职业指导的经典性理论，最早由被誉为“职业辅导之父”的美国波士顿大学教授弗兰克·帕森斯提出。帕森斯认为，在选择职业的过程中涉及3个主要因素：了解自己、了解各种职业必备的条件、了解工作性质和自身特点的匹配关系。

---

① 内职业生涯是指从事一种职业时的知识、观念、能力、经验、成果、心理素质、内心感觉等因素的组合及其变化过程。

1）了解自己。它包括了解自己的智力、能力倾向、兴趣、资源等特质。

2）了解各种职业必备的条件。它包括了解各种职业的优缺点、酬劳、机会及发展前途等。

3）了解工作性质和自身特点的匹配关系。

帕森斯强调的职业辅导，首先，在选择职业之前先评估个人能力，因为选择职业的关键在于个人特质与特定职业的要求条件是否相匹配，这种观点在当时是颇有见地的；其次，进行职业调查，即强调要对职业进行分析，包括研究工作情形、参观工作场所、与工人和管理人员亲自交谈，这些都是非常重要的；最后，以个人和职业的互相配合作为职业辅导的最终目标。帕森斯认为，只有这样，个人才能适应工作，并且个人和社会同时得益。帕森斯还鼓励辅导人员去收集有关职业领域中具有领袖地位的个人在年轻时期的事迹，以确定年轻时的个性和未来职业发展的相关性。

帕森斯的特质—因素理论，至今仍影响着职业管理学、职业心理学的发展。在此理论基础上，美国学者戴维斯与罗圭斯特等人于20世纪60年代提出了明尼苏达工作适应理论，将其重点扩及个人在工作情境中的适应问题，强调就业后个人需要的满足，同时也考虑个人能否满足工作环境的要求。

二、人格类型理论

约翰·霍兰德是美国约翰斯·霍普金斯大学的心理学教授、美国著名的职业指导专家。他提出了具有广泛社会影响的人格类型理论。这一理论的精髓是“适合”。

这一理论首先根据人的心理素质和择业倾向，将人划分为以下6种基本类型。

1. 现实型

现实（realistic）型的人擅长机械操作，喜欢机械、工具、植物或动物，偏好户外活动。该类型的人具有手工、机械、农业、电子方面的技能，爱好与建筑、维修有关的职业。主要职业有：工程师、技术员、机械操作员、维修安装工、矿工、木工、电工、鞋匠、司机、测绘员、农民、渔民、牧民等。

2. 研究型

研究（investigative）型的人喜欢观察、学习、研究、分析、评估和解决问题。该类型的人抽象思维能力强，生性好奇，具有极好的数学和科学研究能力，知识渊博，不善于领导他人，爱好科学或医学领域的职业。主要职业有：自然科学和社会科学的研究人员、专家，化学、冶金、电子、无线电、电视、飞机等方面的工程师、技术人员，飞机驾驶员，计算机操作人员等。

3. 艺术型

艺术（artistic）型的人喜欢不受约束、创造性的活动；他们天资聪慧，创造力强，不拘小节，具有特殊的才能和个性，渴望表现自己的个性，具有语言、音乐、美术、戏剧、写作等方面的技能。主要职业有：音乐、舞蹈、戏剧等方面的演员、编导、教师，文学、艺术方面的评论员，广播节目的主持人，编辑，作者；画家、书法家、摄影家；艺术、家具、珠宝、房屋装饰等行业的设计师。

4. 社会型

社会（social）型的人喜欢参加咨询、培训、教学和各种帮助他人与教育他人的活动；具有与他人相处共事的能力，渴望发挥社会作用；比较看重社会义务和社会道德。主要职业有：教师，保育员，行政人员，医护人员，服务行业的经理、管理人员和服务人员，福利人员等。

5. 企业家型

企业家（enterprising）型的人善于交际，喜爱权力、地位和物质财富，喜欢领导他人，具有领导能力、说服能力及与他人打交道的能力；他们雄心勃勃，友好大方，精力充沛，信心十足，喜欢竞争，敢冒风险，爱好商业或与管理人有关的职业。主要职业有：企业家，政府官员，商人，行业、部门或单位的领导、管理者等。

6. 传统型

传统（conventional）型的人喜欢按计划办事，习惯接受他人的指挥和领导，不敢冒险和竞争；他们尽职尽责，忠诚可靠；善于做整理信息资料类的事情；具有写作或数理分析的能力，爱好记录、整理文件、打字、复印及操作计算机等职业。主要职业有：会计，出纳，统计人员，打字员，办公室人员，秘书和文书，图书管理员，保管员，旅游、外贸职员，邮递员，审计人员，人事职员等。

三、职业生涯发展理论

无论从人的心理发展内在规律来看，还是从社会活动变化产生的影响来看，人的职业心理总是处于动态的发展过程中。因此，个人特质与职业匹配不可能一次完成。

职业生涯发展理论是从动态的角度研究人的职业行为、职业生涯发展阶段的。随着实践的发展，职业生涯发展理论日趋成熟。对于职业生涯发展阶段的划分，国内外学者各有所见，比较具有影响力的是舒伯的五阶段理论和施恩的九阶段理论，以及格林豪斯的职业生涯发展理论。

（一）舒伯的职业生涯发展理论

在职业生涯发展理论家中，舒伯是最具代表性的人物之一。舒伯集差异心理学、发展心理学、职业社会学及人格发展理论之大成，经过长期研究，系统地提出了有关职业生涯发展的观点。

1. 职业生涯发展的基本命题

舒伯多年来对职业生涯规划的发展、测评、自我观念、适应、成熟等领域做过大量全面的研究。他提出了12项基本命题，这12项基本命题可以看成职业生涯发展理论的基本主张和框架基础。

1）职业发展是一个连续不断、循序渐进且不可逆转的过程。

2）职业发展是一个有次序、具有固定形态的过程，每个阶段的发展都是可预测的。

3）职业发展是一个经过统合的动态过程。

4）一个人的自我概念在青春期以前开始形成，至青春期时较为明朗，并于成人期转化为职业概念。

5）从青少年时期至成人期，个体的人格特质及社会现实环境等对人的影响力，都会因年龄、时间的增长而增加。

6）父母之间的互动关系，以及他们对职业计划结果的解释，会影响下一代对自己职业角色的选择。

7）一个人是否能由某一职业水平跳到另一职业水平，即是否有升迁发展机会，是由他的智慧、能力、父母的社会经济地位、本人对权力的追求、个人的价值观、兴趣、人际关系技巧、社会环境、经济需求状况等共同决定的。

8）一个人从事某一类型的职业，是由下列因素决定的：个人的兴趣、能力，个人的价值观及需求，个人的学历，利用社会资源的程度及社会职业结构、趋势等。

9）即使每种职业对从业者都有能力、人格特质及兴趣的要求，但在某种范围内，仍然允许不同类型的人来从事。同样，一个人也可以从事多种不同类型的职业。

10）个人的工作满足感视个人是否能配合自己的人格特质，即是否能将能力、兴趣、价值观适当地发挥出来而定。

11）个人的工作满足度，常决定于个人是否能将自我概念在工作中实现。

12）对于少部分人而言，家庭及社会因素是人格重整的中心；对于大部分人而言，工作是人格重整的焦点，即经过工作过程，理想我与现实我之间会逐渐融合。

2. 五阶段发展理论

舒伯以年龄为依据，将人的职业生涯发展分为5个阶段：成长阶段、探索阶段、确立阶段、维持阶段和隐退阶段。

1）成长阶段（0～14岁）。个人扮演的角色首先是儿童，入学后的学生、休闲者或游戏者角色在生活中占据了相当大的比重。该阶段的任务是：发展自我概念，开始以各种不同的方式来表达自己的需求，且经过不断的尝试来修正自己的角色，同时了解工作的意义，发展对工作的正确态度。

2）探索阶段（15～24岁）。学生角色占据主要地位，同时公民和工作者角色的重要性与日俱增。该阶段的任务是：青少年通过学校学习、社团活动等机会，对自我能力及角色进行深入探索，从而使职业偏好逐渐具体化、特定化，并初步实现职业目标。

3）确立阶段（25～44 岁）。个人从学校毕业后，工作者角色成为生活的重心，家庭照顾者角色也在该阶段的后期越发明显。该阶段的任务是：统整、稳固并求上进，即经过探索后，能够明确自己在整个职业生涯发展中的长远目标和位置。

4）维持阶段（45～64 岁）。工作如日中天，事业发展达到顶峰，此时休闲者与公民角色逐渐变得重要。该阶段的任务是：维持既有成就与地位。

5）隐退阶段（65 岁以上）。从原有工作岗位退休后，投入相当多的时间在家庭，休闲者和家长角色最为突出。该阶段的任务是：注重发展新的角色，寻找不同方式以替代和满足从工作中得到的需求，或做曾经想做而又没有做的事情。

3. 螺旋循环式发展模式

在后期研究中，舒伯对于职业发展阶段的理论又进行了深化。他认为，各个职业发展阶段都要经历成长、探索、确立、维持和衰退阶段，这就形成了一种螺旋循环式发展模式。这种大阶段套小阶段的模式丰富和深化了职业生涯发展阶段的内涵。

（二）施恩的职业生涯发展理论

在职业生涯发展理论中，施恩也非常具有影响力。他根据人的生命周期特点及不同年龄阶段所面临的问题和职业工作的主要任务，将职业生涯发展分为 9 个阶段：成长、幻想、探索阶段；进入工作世界；基础培训；早期职业的正式成员资格；职业中期；职业中期危险阶段；职业后期；衰退和离职阶段；离开组织或退休。

虽然施恩仍然给出每个阶段的年龄，但并未囿于此。施恩的九阶段理论更多的是根据职业的状态、任务、职业行为的重要性来划分职业生涯发展阶段的。每个人经历某一职业发展阶段的年龄有别，因此施恩只给出每个阶段的大致年龄跨度，每个职业发展阶段有所交叉。

（三）格林豪斯的职业生涯发展理论

格林豪斯根据人生不同年龄阶段职业发展的主要任务，将职业生涯发展分为 5 个阶段：职业准备、进入组织、职业生涯初期、职业生涯中期和职业生涯后期。

1. 职业准备

0～18 岁为职业准备阶段。该阶段的主要任务是：发展职业想象力，对职业进行评估和选择，接受必需的职业教育。

2. 进入组织

18～25 岁为进入组织阶段。该阶段的主要任务是：在一个理想的组织中获得一份工作，在获取足够信息的基础上，尽量选择一种合适的、较为满意的职业。

3. 职业生涯初期

25～40 岁为职业生涯初期。该阶段的主要任务是：学习职业技术，提高工作能力，了解和学习组织纪律和规范，逐步适应职业工作，适应和融入组织，为未来的职业成功做好准备。

4. 职业生涯中期

40～55 岁是职业生涯中期。该阶段的主要任务是：需要对早期职业生涯进行重新评估，强化或改变自己的职业理想，选定职业，努力工作，有所成就。

5. 职业生涯后期

55 岁直至退休为职业生涯后期。该阶段的主要任务是：继续保持已有的职业成就，维护尊严，准备隐退。

四、认知信息加工理论

认知信息加工理论关注个人在职业生涯过程中如何使用信息进行生涯决策，CASVE 循环是认知信息加工理论的核心观点。CASVE 循环中的沟通（communication）、分析（analysis）、综合（synthesis）、评估（valuation）、执行（execution）5 个步骤描述了决策过程。CASVE 循环关注的是个人如何做出决策，它是理性的，同时也存在直觉的成分。CASVE 循环如图 1-1 所示。

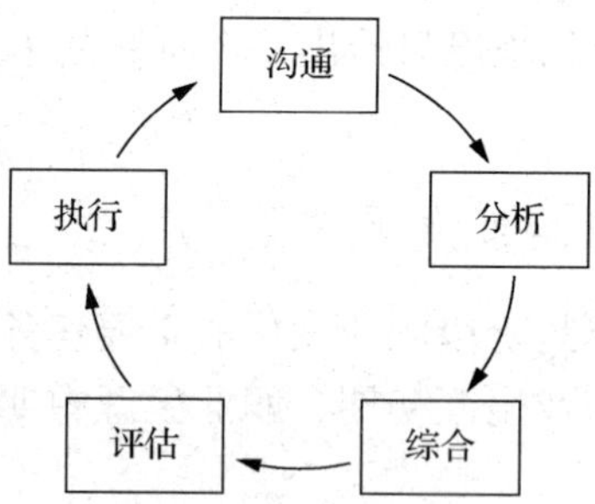

图 1-1　CASVE 循环

“沟通”包括个人内部信息交流和外部信息交流。个人通过内部和外部信息交流才能意识到理想和现实之间存在的差距。内部信息交流是指个人自身的身心状态。例如，大学毕业生在找工作时，可能有焦虑、抑郁、受挫等不良情绪反应，在躯体上可能有疲倦、头疼、消化不良等反应，这些不良情绪和身体状态都提醒大学生需要内部信息交流。外部信息交流是指外界对大学生产生影响的信息。例如，在求职过程中，父母、教师、朋友提供的各种建议就是一种外部信息。通过内部和外部信息交流，可以使大学生意识到自己需要解决的问题，这样的沟通对职业生涯选择十分重要。

“分析”是以确定职业生涯中问题的原因及职业生涯各部分间的关系为特征，对问题所有方面进行充分了解的一个反思阶段。好的问题解决者会利用时间去思考、观察和研究，从而更充分地了解差距，有效地做出反应。分析阶段就是了解自己和自己的各种选择的阶段。

“综合”是以形成一个可供选择的解决职业生涯中问题的方法清单为特征的阶段。这一阶段将综合和加工分析阶段提供的信息，从而制订消除问题或差距的行动方案。综合阶段可以理解为综合细化和综合具体化两个层面。

“评估”是以对可能的解决方案进行排序为特征，从而产生尝试性选择的阶段。这一阶段是选择职业、学习计划或工作的阶段。评估阶段可分为两个阶段：第一阶段是评估各个解决方案的利弊得失，即评估每种解决方案对问题解决者和他人的影响；第二阶段是对综合阶段得出的各种解决方案进行排序。

“执行”是以实施职业生涯中问题解决的规划和执行步骤为特征的阶段。它包括对解决问题的首选方案的尝试或真实性测验。执行阶段是将认知转换为有计划、有策略的行动，包括形成“方法—目标”联系及确立一系列逻辑步骤，以达到目标。

训练活动

活动一　我的小组，我的家

每6～8人为一组，以小组为单位制作小组展示牌，做好后与大家分享。

1）为你的团队设置不同的角色，确立小组的组长。

2）给你的团队起一个响亮的名字。

3）为你的团队想一个霸气押韵的口号。

4）为你的团队设计一个与众不同的Logo。

活动二　我的生命线

1）在纸上画一条线段，这条线段代表了你生命的长度。思考一下，你期待自己活到多少岁？将线段的一端视为你生命的开始，另一端写上你期待可以活到的年龄。

2）在这条生命线中找到你现在的年龄点，并标记出来，写下现在的年龄。

3）回顾你过往生命历程中发生的重大事件，在线段上方写出2～3件对你有积极影响的事件，并在线段相应位置上标明年龄；在线段下方写出2～3件对你有消极影响的事件，并在线段相应位置上标明年龄。

4）思考一下这些事件对你的影响，即它们如何使你成为今天的你。

活动三　拟定墓志铭

墓志铭是把死者在世时持家、德行、学问、技艺、政绩、功业等的大小，浓缩为一份个人历史档案。

请按以下提纲来编写自己的墓志铭。

基本信息：姓名、性别、生年、卒年、享年。

1）一生的理想与目标。

2）在不同年龄时的成就。

3）对社会、家庭或其他人的贡献。

4）我是一个怎样的人。

二十岁一句话定位：______________________________。

三十岁一句话定位：______________________________。

四十岁一句话定位：______________________________。

五十岁一句话定位：______________________________。

六十岁一句话定位：______________________________。

七十岁一句话定位：______________________________。

将上述拟好的墓志铭与同学分享并进行如下讨论：

1）你感到哪些人的人生目标吸引你并值得尊重？

2）哪些人的成就是真正的成就？为什么？

3）你认为对社会或他人最有贡献的是谁？

4）假如你要替自己重写墓志铭，你会怎样写呢？

活动四　寻找自己的成长顾问

大学生的成长顾问主要是指以下 4 个方面。

1）学习成长顾问。这个顾问可以是你的老师或高年级同学，需要时可以和他们讨论学习上遇到的问题。

2）心理保健顾问。这个顾问可以由学校心理咨询中心或你所在院系的辅导员、班主任等相关人员担任，在生活、学习、情感或任何一个方面遇到困惑时，可以及时找到他们，寻求及时和有效的帮助。

3）职业发展顾问。这个顾问可以请学校毕业生就业指导中心的教师或你所在院系的辅导员、班主任等相关人员来担任，也可以请你实习或见习等实践过程中遇到的你的领导或同事来担任，他们会在你职业迷茫时助你一臂之力。

4）个人形象顾问。这个顾问可以请学校的教师或校外合适的人来担任。但需要注意两个方面：一方面是你的外在形象，如服饰、发型、言谈举止等；另一方面是你的气质、素质等。你的顾问会在你的个人形象设计方面提出适合于你的建议。

以上4个方面顾问的寻找可以用自己的方式做到，如电话邀请或拜访面谈。这里需要提醒的是：无论这位顾问是怎样找到的，你都要尊重他，在需要的时候再去请教他。有这4位顾问的贴身服务，你会成长得更快。

请将自己的顾问记录在表1-1中。

表1-1　寻找自己的成长顾问

顾问类型	顾问姓名	联系方式	沟通建议频率	咨询提示	备注
学习成长顾问			每学期一次	学业有困难时	
心理保健顾问			每年一次	心中压抑时	
职业发展顾问			每年一次	职业选择、实习面试时	
个人形象顾问			根据个人需要	参加重要活动时	

第二章 自我探索

案例导读

林涛：从舞蹈跨界创意家具

林涛，江汉大学2013级舞蹈表演专业学生。曾多次在“创青春”创业大赛、武汉市“互联网+”大赛、武汉市市属高校大学生创业大赛中取得佳绩，获得政府扶持基金30余万元。

一次偶然的机会，他发现学生公寓对个性化家具的需求，就跨界搞起了“林家创意家具”的创业实践。经过长期钻研设计产品和游说家具公司，他成功签约投产并赢得了自己的第一桶金。他进一步打造了具有荆楚文化意蕴的创意产品，并在创意家具的创业之路上越走越远。

1. 乱糟糟的寝室带来的灵感

2013年9月，新生报到第一天，学生寝室里一片狼藉。在老家干过农活的林涛主动承担起整理内务的活儿。

但好景不长，好不容易整理好的寝室因为新发的课本变得凌乱不堪。由于6人间是上下铺，大家的书桌很有限，课本随便摆放。“可不可以将不占空间的桌子搬上床，让自己的寝室提升‘颜值’，不再‘脏乱差’呢？”林涛陷入了深深的思考。

林涛上网查找相关资料后，决定销售寝室书桌。于是，他用自己半年的生活费，在淘宝上购买了45张“床上书桌”。然后，他摆地摊、上门推销，每天奔波在南北校区之间。靠着“走街串巷”磨嘴皮子的功夫，还真赚了点小钱。看着自己的小小战绩，他觉得流再多汗、吃再多苦也值得。

林涛销售寝室书桌很快引起了别人的羡慕，有同学也开始售卖寝室书桌，他发现他们卖的寝室书桌比自己卖得还便宜，而且还送货上门。眼看自己剩余的书桌就要滞销了，林涛突然想到可以利用互联网来进行销售。他开始在学校贴吧、论坛、QQ和微信上推送和转发，宣传自己的产品，并附赠鼠标垫、小夜灯等小礼物。利用这种方式，林涛总算卖完了余下的寝室书桌。由于附赠小礼物，成本增加了很多，林涛预想的收入并没有实现。

2. 蜗居寝室埋头钻研设计

2013 年 11 月，学校承办了武汉市市属高校大学生创业大赛，“创业成就梦想”的宣传海报吸引了林涛。他到现场观摩这次比赛，这次观摩彻底坚定了他创业的想法。

林涛是个善于总结的人。销售寝室书桌的经历，使他明白了改善产品适用性，打造更符合规格的寝室书桌是赢得消费者青睐的关键。意识到这一点，林涛便开始利用课余时间，对之前的顾客进行回访，仔细收集每一条有关产品改进的建议，并一一记录下来。

同时，林涛组建了自己的创业团队。他夜以继日地带领团队蜗居寝室，对产品进行有针对性的修改和设计。方案一遍一遍推倒重来，他们集思广益，挑灯夜战。

团队的力量是无穷的。他们通过反复修改和设计，将奇思妙想变成了产品的一个个创新点，终于打造出一款适合高校学生的寝室书桌。

3. 拜访游说各家具生产企业

创业总不会一帆风顺。样品做出来后，寻找生产商却成了头疼的难题。受制于学生身份、订单数量、资金匮乏等现实问题，林涛先后被数家家具厂商拒绝。一筹莫展的林涛意识到要想成功，还需要付出更大的努力。

当其他同学享受假期时，林涛却深入湖北、湖南、河北、江苏等省市 40 余家家具生产企业游说。他向每一家家具厂介绍自己设计改进的产品，希望能够用自己的努力和真诚赢得他们的信任与支持。

功夫不负有心人，武汉汉阳区一家家具厂最终被林涛的执着和项目前景所打动，第一批 500 张寝室书桌成功签约投产。物美价廉、新颖独特的产品，良好的用户体验，很快赢得了学生的青睐，500 张寝室书桌不到一个月就脱销，林涛真正赚到了人生的第一桶金。

4. 从初出茅庐到蒸蒸日上

初涉商业领域的林涛不仅把自己的小产业做大做强，而且让自己的创业团队有了“安居”的地方。

2014 年，林涛成立了“林家创意家具”工作室。一步一个脚印，林涛经过不懈努力和执着追求，他的小产业开始壮大起来，狭小的工作室已经无法满足小产业的运作需求。2015 年 1 月，武汉林家创意家具有限公司在当地工商管理局（现为市场监督管理局）正式登记注册，林涛开启了自己新的创业征途。

林涛坚信，“互联网+”将是未来创业的主体方向。凭着自己在市场开发方面的敏感触觉，他把很多细节都利用线上渠道完成，这也是“林家创意家具”最终走出武汉，吸引全国 30 多个高校代理商的重要因素。

2014 年，林涛代表江汉大学参加创业赶集会做产品展示，并且作为 2014 年全球创业周武汉分站创业大讲堂代表团队与导师一起向大家汇报交流。同年，代表学校参加“青桐年汇·华中黑马创交会”，担任第10棒火炬接力手。这次创交会，让“林家创意家具”踏上了新的起点。

5. “入乡随俗”的创意家具

创业路上的林涛，时不时会想起父母一直以来给自己的精神支持。父母教育林涛，来到陌生城市吃苦打拼，不容易，来到有地域差异的城市，还得入乡随俗。

入乡随俗？林涛突然觉得自己的“脑洞大开”。自己能入乡随俗，自己的产品是不是也该“入乡随俗”呢？对于创业公司而言，如果有能展现企业文化的核心创意产品，才是真正的市场核心竞争力。林涛觉得，公司发展至今，是时候打造有文化意蕴的核心创意产品了。

经过讨论和研究，林涛决定将“楚文化”植入家具产品中。于是，他的产品中出现了以黄鹤楼、蛇山、战鼓、编钟等一系列具有独特“楚文化”名片的设计理念。

林涛坚信“楚文化”产品设计，既能满足学生对寝室空间整合的需求，又有助于将荆楚文化传播开来，将是自己企业蓬勃发展的不竭动力。

6. 投身公益反哺母校

不忘本源，反哺思恩。事业日益壮大的林涛，并没有沉浸在创业成功的自我陶醉中。2014年，林涛成立了“林家公益团队”，致力于公益事业，同时他的“博思特”教育工作室也成立了。

2014年12月，由林涛发起的“林家创意平安夜苹果公益义卖”和“平安夜公益Party”，为贫困儿童募集到5000余元，悉数资助了蔡甸区同心小学的贫困儿童。

此外，蔡甸区同心小学、新农中心小学，成功中学等都是他们支教的对象。借助“博思特”教育工作室，林涛为上述部分学校提供免费的暑假兴趣班师资和培训。

2016年6月，林涛和公司团队奔赴贵州省义务支教，并从公司营业额里拨出一定的资金设立奖学金，用于帮助家庭贫困的优异学子。

林涛还利用创业获得的资金赞助学校社团开展的各类活动达10余次，受到师生的一致好评。林涛还不断告诫自己，不要忘本，要始终有一颗感恩的心，这才是成功的真正意义所在。

（资料来源：王琦，2016. 林涛：从舞蹈跨界创意家具[J]. 中国青年（15）：58-60，有改动。）

第一节　自我探索的内容与方法

“人贵有自知之明。”探索自我的目的是认识自己、了解自己。只有认识自己、了解自己，才能对自己的职业做出正确选择，才能选定适合自己发展的职业生涯路线。

一、自我探索的内容

就大学生而言，自我探索的主要内容包括 3 个方面：体力评估、能力评估和人格评估。

（一）体力评估

通过对自己身体素质进行评价、分析，判断自己所适合的职业。体力评估一般包括以下 6 个方面的内容：①力气；②身体动作的敏捷性和平衡性；③下肢或腰背的协调性；④手臂的灵活性和协调性；⑤言语器官及视听器官的结构与功能状况；⑥整体协调控制。不同的职业对从业者的体力要求各异，如从事体育工作的人，动作的敏捷性和协调性要好；从事音乐艺术教育的人，听觉器官要灵敏；等等。因此，大学生在确立职业目标时，要从体力上考虑自身的实际情况。

（二）能力评估

能力是直接影响人们顺利完成活动并直接影响活动效率的个性心理特征。能力分为一般能力和特殊能力。一般能力是顺利完成各种活动所必备的基本能力，如注意力、观察力、记忆力、思维力、想象力等。特殊能力是顺利完成某种特殊活动所必备的能力，它同职业活动紧密联系。

职业能力既与一般能力有关，又与特殊能力密不可分。人们从事某种职业活动都是具体的，因此人的职业能力主要是指人的特殊能力，它是从业人员胜任职业要求而必备的能力。

（三）人格评估

人格是指个人的需要、动机、兴趣、态度、价值观、气质、性格等。人格影响人的行为，也影响人的职业行为。我们要想在职业生活中获得尽可能大的满意度和成就感，在择业之前就该了解自己的人格及其职业适应性，以求实现人—职匹配。

二、自我探索的方法

探索自我就是要客观地评价自己，既不高估自己，也不贬低自己；探索自我，就是要认识自己的优势、劣势、自己的发展潜力。那么，怎样才能客观地认识自我呢？一般来说，可以通过以下 5 种方式进行。

（一）总结过去的经验

回顾自己过去的经历，对自己的想法、品德、行为等进行理性思考，然后认真地描述和判断自己的特点。

在这个过程中，需要个人收集信息，耐心地进行分析。例如，问问自己，过去做过什么喜欢的工作，喜欢这些工作的哪些方面？现在仍然喜欢它们什么？喜欢处理人际关系，还是喜欢处理具体问题或信息情报？什么能激发自己的活力，什么令自己感觉倦怠乏味？等等。另外，还要对自己过去的成功经验和失败教训进行回顾，分析自己过去有哪些成功，哪些不成功，原因是什么。除了客观因素外，自己还有哪些方面需要改进。需要注意的是，要尽量以客观评价为依据，避免由于个人认识或个人动机而出现较大的偏差。

（二）征询他人的评价

自己可以问问家长、教师、同学、朋友对自己的评价是怎样的。把他们的评价作为对自己评价的参考。在与他们的相互交往中，不断深化对自己的认识。

（三）与他人比较

通过与他人进行比较来评价自己。面对相同问题或者相似问题，别人是怎么想的、怎么说的、怎么做的、效果如何。自己又是怎么想的、怎么说的、怎么做的、效果如何。

（四）测评手段

心理测验能够在较短时间内比较客观地测出个人某方面的特点，并且这一特点是在与某一群体的比较中得出的。通过运用心理测验，个人能够获得对自己较为客观的描述和评价，这个结果在自己进行职业选择时可以作为参考。

（五）专家咨询

我们可以到学校的就业指导中心、心理健康教育中心或校外专业咨询机构进行咨询，这是一种有效而快捷的方式。一般来说，咨询人员会利用他的学识、经验及科学的咨询技术给我们提供帮助。在咨询过程中我们可以获得大量的知识和信息资料，获得对问题的重新认识。更重要的是，通过专家咨询会提高自己的决策能力。

第二节　职业兴趣探索

一、职业兴趣概述

子曰：“知之者不如好之者，好之者不如乐之者。”（出自《论语·雍也》）意思是“懂得它的人不如喜爱它的人，喜爱它的人不如以之为乐的人”。这说明，一个人在认知某些事物时，主动去求知、去探索、去实践，并在求知、探索、实践中产生愉快的情绪和体验时，会有更加显著的收获。

（一）兴趣的概念

兴趣既指主体对事物的喜好或关切的情绪，又指人们力求认识某种事物和从事某项活动的意识倾向。它表现为人们对某种事物、某项活动的选择性态度和积极的情绪反应。兴趣在人们的实践活动中具有重要意义，它可以使人集中注意力，产生紧张而愉快的心理状态。这对于人的认识活动会产生积极的影响，有利于提高工作质量和效率。

（二）兴趣的分类

人的兴趣是多种多样的，主要有以下两种分类方法。

1）以关注的事物属性分类，兴趣可分为物质兴趣、精神兴趣和社会兴趣。物质兴趣与人的需要相关，表现为对物质生活（如衣、食、住、行方面）的喜欢和追求，如追求名牌的兴趣；精神兴趣是指对精神生活（如文化、科学、艺术等）的喜欢和追求，如写作、绘画、书法、摄影、发明创造等爱好；社会兴趣是指对社会工作和组织活动的喜欢和追求等。

2）以产生的程度关系分类，兴趣可分为直接兴趣和间接兴趣。喜欢跳舞、打球，可能是因为这些活动本身有吸引力，通过这些活动使个人获得愉快和满足。这种对活动本身的兴趣就是直接兴趣。对学外语的兴趣并不是说学外语会带来轻松愉快，而是学外语可以了解国外的信息、可以找到称心的工作、可以出国学习或交流等，这些结果在吸引个人学习。这种对活动结果的兴趣就是间接兴趣。直接兴趣和间接兴趣可以相互转化，也可以相互结合，从而更有效地调动个人的积极性。

二、职业兴趣的作用

我们常说在选择职业时，要尽量做到择己所爱，即要选择自己喜欢、自己感兴趣的职业。在选择职业时，不仅需要知道自己有能力从事什么样的职业，而且需要知道自己对哪类职业感兴趣。

具体来说，职业兴趣对职业生涯的影响主要表现在以下几方面。

1. 职业兴趣能影响职业定向，起坚定职业理想的作用

兴趣的发展一般经历有趣、乐趣、志趣 3 个阶段。从有趣开始，逐渐产生乐趣，进而与奋斗目标相结合，发展成为志趣。它表现出方向性和意志性的特点，使人坚定地追求某种职业，并为之尽心竭力。

正像我们在日常生活中喜欢从事自己感兴趣的活动一样，具有一定的兴趣就会更倾向寻找与此有关的职业。因此，对自己的兴趣或兴趣类型有正确的评估之后，就可以帮

助自己选择职业。兴趣影响你的工作满足感和稳定性，在某些情况下（如不考虑经济因素）甚至具有决定性作用。一般来说，从事自己不感兴趣的职业很难让你感到满足，并由此导致工作的不稳定性。

2. 职业兴趣能促进智力开发，挖掘自身潜能

一个人对于某一事物具有较为浓厚的兴趣，就会激发他寻求该事物相关知识的欲望及热情，并促使他调动积极性，以饱满的热情投入学习和工作中。这时，他的智力和体力都能进入最佳状态，从而最大限度地调动主观能动性和创造性，发挥自身潜能，充分施展才华，从而取得意想不到的成功。

3. 职业兴趣能使工作主体保持心情愉快，有利于身心健康

心理研究证明，当一个人对自己所从事的职业有着浓厚的兴趣时，即使工作再苦再累，他也会感到精神愉快，充满乐趣。相反，如果一个人从事了一种自己不喜欢的工作，他表现出来的是一种被动、消极、拖拉的工作态度，就不会得到领导和同事们的赞扬，甚至会与他们产生工作上的矛盾，人际关系紧张反过来会加剧他对工作的厌烦心理，导致工作不快乐，这样的工作对他来说简直是一种惩罚，他的生活会因此而失去绚丽的色彩。

三、职业兴趣探索工具

约翰·霍兰德将人格类型分为现实型、研究型、艺术型、社会型、企业家型和传统型（图 2-1），并且人的人格类型、兴趣与职业密切相关。

当一个人的人格类型与职业匹配时，他会感到内在的满足，并能充分发挥自己的聪明才智；当人格类型与职业相近时，经过努力也会适应工作，从而取得成就；而当人格类型与职业相斥时，就会觉得工作索然无味，最终无法胜任。

霍兰德 6 种职业兴趣类型之间的关系有相邻关系、相隔关系和相对关系。在六边形上距离越近，心理类型越接近；距离越远，则差异越大。

1）相邻关系。如 RI、IR、IA、AI、AS、SA、SE、ES、EC、CE、RC 及 CR，属于这种关系的两种类型的个体之间共同点较多。例如，R 型、I 型的人都不太偏好人际交往，这两种职业环境也都较少与人接触。

2）相隔关系。如 RA、RE、IC、IS、AR、AE、SI、SC、EA、ER、CI 及 CS，属于这种关系的两种类型的个体之间共同点较相邻关系少。

3）相对关系。在六边形上处于对角位置的类型之间即为相对关系，如 RS、IE、AC、SR、EI、CA，属于这种关系的两种类型的个体之间共同点少。因此，一个人同时对处于相对关系的两种类型职业环境都感兴趣的情况较为少见。

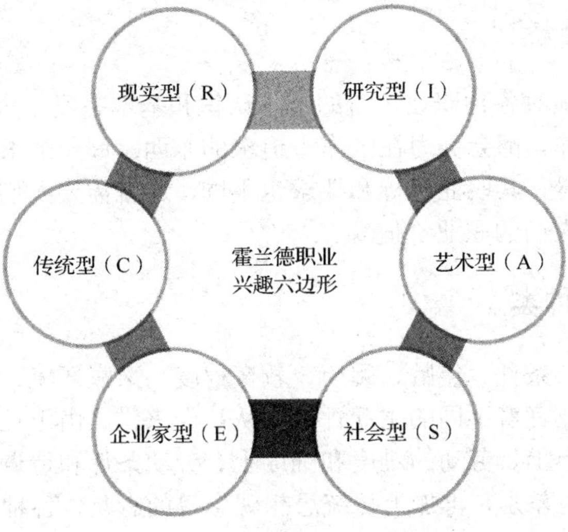

图 2-1　霍兰德职业兴趣六边形

霍兰德的 6 种职业人格类型，分别适合 6 种不同类型的职业和环境，这在实践中得到大量统计数据的验证。现实生活中有大量生动、鲜活的例子，可以验证霍兰德职业兴趣六边形的实用性、针对性和有效性。

职业兴趣探索常用的工具之一是霍兰德职业兴趣测评，但测评结果只能作为一种参考。在现实生活中，一个人的职业生涯选择与发展是一个不断试错、不断摸索的过程。在这个试错和摸索的过程中，每个人都应该根据自身的价值观、需要、能力等形成较为明晰的职业选择与发展方向。当然，每种测评都有一定的测评误差，霍兰德职业兴趣测评也不能百分之百地反映一个人的兴趣爱好。霍兰德职业兴趣测评不是只用一次，而是在一个人的不同阶段均可以施测。这样，一方面可以减小测评结果的误差；另一方面，兴趣是动态发展的，不是一成不变的。故在测评之后，需要进行个性化的职业咨询，从而促进对自身的反观和判断。

第三节　职业价值观分析与探索

在制定职业生涯规划时，常常需要做出一些选择，如是要工作舒适轻松，还是要薪酬待遇高？是要成就一番事业，还是要有保障的安稳工作？是要选择离家近一点、成长机会相对少的工作，还是选择离家远一点、成长机会比较多的工作？等等。最终，影响职业决策的是存在于内心的职业价值观。

一、职业价值观的概念

职业价值观是个体对各种职业价值的基本认识和基本态度。简单来说，职业价值观是指无论从事什么工作，都会努力在工作中追求的东西。每一个求职者由于所受的教育程度和所处环境的差异，其职业目标和要求也不同，这就需要人们做出选择，而左右人们选择的，往往就是人们的职业价值观。

二、职业价值观的种类

由于每个人的身心条件、年龄、阅历、教育程度、家庭环境、兴趣爱好等方面存在差异，人们对各种职业有着不同的主观评价。从社会来讲，由于社会分工的发展，各种职业在劳动性质及内容上、劳动的难度和强度上、劳动条件和待遇上、所有制形式和稳定性等方面，都存在着差别，再加上传统思想观念等的影响，各种职业在人们心目中的声望也有所不同，这些评价就形成了人们的职业价值观，并影响着人们对就业方向和具体职业岗位的选择。

职业价值观注重探讨在职业生涯规划和职业生活中人们优先考虑的价值。

美国心理学家洛特克把职业价值观分为13种类型，各类型的基本含义如下。

1）利他主义。以帮助同事、朋友作为自己的职业价值追求，平等待人、包容他人。

2）审美主义。在工作过程中不断追求美的事物，具有高度的审美情感。

3）智力刺激。善于开动脑筋思考工作过程中产生的问题，善于运用创造性的方法解决问题。

4）成就动机。具有对自我价值实现的肯定意义，认同自己具备创新潜力，能够通过创新不断取得成绩。

5）自主独立。在工作过程中具有较强的独立性，善于按照自己的习惯和频率去完成工作任务。

6）社会地位。从事的工作能够得到社会的高度认可，工作岗位承担较高的社会责任，且社会地位较高。

7）权力控制。在工作过程中获得对某人某事的控制权，能够在工作责任范围内调动人或物。

8）经济报酬。通过工作获得较高的劳动报酬，能够有充足的物质资源达成生活目标。

9）社会交往。善于和社会不同行业及领域的各色人物打交道，在社会交往中能够建立庞大的人际关系网络，善于和名人打交道。

10）安全稳定。在不考虑个人能力因素的前提下，希望处于稳定的工作环境中。

11）轻松舒适。希望具有安全舒适的工作环境，希望具备良好的工作条件，且具备高度的自由感。

12）人际关系。能够快速和新同事、新领导打成一片，具有较强的社交能力，善于和领导做朋友。

13）追求新意。不希望做机械性的重复工作，希望工作内容新颖、有特点，追求工作的丰富多彩。

三、职业价值观与职业

“人各有志”的“志”表现在职业选择上就是职业价值观，它是一种具有明确目的性、自觉性和坚定性的职业选择的态度和行为，对一个人的职业目标和择业动机起着决定性的作用。职业价值观在人们的职业生涯发展中起着重要且决定方向的作用，甚至超过了兴趣和性格对人们的影响。例如，著名歌星席琳·迪翁在事业的巅峰时期退出乐坛相夫教子，就是由于她在丈夫生病住院后深刻认识到与家人相处的时间有限，而且她认为与家人相处比事业更宝贵。她的职业价值观导致她做出对自己的职业发展产生重大影响的选择。

在为自己做职业生涯规划之前，一定要清楚和明确自己的职业价值观。职业价值观决定了在进行职业决策时哪些因素对自己是重要的，哪些因素对自己是不重要的，哪些因素是自己优先考虑和选择的，哪些因素不是自己优先考虑和选择的。

职业价值观不是一成不变的，它会随着人们需求、人生阅历和生活环境变化等因素而发生改变。一定时期后，个体需要重新进行选择和排序，来认清自己当前的职业价值观。在这个多元价值体系的时代，个人的职业价值观常常是混乱的，所以需要对自己的职业价值观进行探索。一个人越清楚自己的职业价值观，就越了解自己在工作中想要追求的是什么，他的职业生涯发展目标也就越清晰。即使是在鱼与熊掌不能兼得的情况下，也能做出比较理智的选择。

第四节 了解气质类型

日常生活中我们经常会用到“气质”一词，如我们说某人具有学者气质、某人具有艺术家气质等。

一、气质的概念

气质是人的个性心理特征之一，它是指在人的认识、情感、言语、行动中，心理活动发生时力量的强弱、变化的快慢和均衡程度等稳定的动力特征。气质主要表现在情绪体验的快慢、强弱，表现的隐显及动作的灵敏或迟钝方面。人的气质差异是先天形成的，受神经系统活动过程的特性所制约。孩子刚出生时，最先表现出来的就是气质差异，有的孩子爱哭好动，有的孩子平稳安静。气质是一个人所表现的从内到外的一种人格魅力。这种人格魅力（如修养、品德、举止行为、待人接物、说话的态度等）表现有高雅、恬静、文质彬彬、温文尔雅、豪放大气、不拘小节等。

二、气质的类型

古希腊医生希波克拉底认为人体内有 4 种体液：血液、黏液、黄胆汁和黑胆汁。根据这 4 种体液的不同配合比例，人的气质分为 4 种类型：多血质、胆汁质、黏液质和抑郁质。

（一）多血质

多血质的人情感和行为动作反应很快，变化也快，但较为温和；易于产生情感，但体验不深；善于结交朋友，容易适应新的环境；语言具有表达力和感染力；姿态活泼，表情生动，有明显的外倾性特点；机智灵敏，思维灵活，但常表现出对问题不求甚解；注意力与兴趣易于转移，不稳定；在意志力方面缺乏忍耐性，毅力不强。

（二）胆汁质

胆汁质的人反应速度快，情感和行为动作产生得迅速且强烈，性情开朗、热情、坦率，但脾气暴躁，好争论；情感易于冲动但不持久；精力旺盛，经常以极大的热情从事工作，但有时缺乏耐心；思维具有一定的灵活性，但对问题的理解具有粗枝大叶、不求甚解的倾向；意志坚强、果断勇敢，行动利落而又敏捷，说话速度快且声音洪亮。

（三）黏液质

黏液质的人情感和行为动作反应迟缓、稳定，缺乏灵活性；这类人情绪不易发生，也不易外露，很少产生激情，遇到不愉快的事也不动声色；注意力稳定、持久且难以转移；思维灵活性较差，但比较细致，喜欢沉思；在意志力方面具有耐性，对自己的行为有较大的自制力；态度稳重，沉默寡言；办事谨慎细致，从不鲁莽，但对新的工作较难适应，行为和情绪都表现出内倾性，可塑性差。

（四）抑郁质

抑郁质的人有较高的感受性，情感和行为动作反应都相当缓慢、柔弱；情感容易产生，而且体验相当深刻，隐晦而不外露，易多愁善感；往往富于想象，聪明且观察力敏锐，善于观察他人观察不到的细微事物，敏感性高，思维深刻；在意志力方面常表现出胆小怕事、优柔寡断，受到挫折后常心神不安，但对力所能及的工作会表现出坚忍的品质；不善交往，较为孤僻，具有明显的内倾性。

三、气质类型与职业

每种气质类型都有其职业适应性。从事某一类职业活动的人能体现某些共同的气质特征。不同的气质类型适合不同的工作特点，适合从事的职业也不同。在所适应的职业领域中，不同气质类型的人可以扬长避短，适应并完成一定的工作。

（一）多血质

多血质的人重大局、不贪小利、不感情用事，他们可以出色地胜任管理工作。多血质的人对谁都能坦诚相待，对于新的环境适应能力较强，能以发展的眼光进行谋划、设计，来适应社会的发展。对过于简单和琐碎的工作，对缺乏竞争和刺激、只要求细致的工作，多血质的人产生不了兴趣和热情，也做不出引人瞩目的成绩。多血质的人不安于现状，总是渴望向上、向前。

该类型的人适合从事社交性、文艺性、多样性、要求反应敏捷且均衡的工作。该类型的人不太适合从事需要细心钻研的工作，可从事较广泛的工作，如外交人员、管理人员、驾驶员、医生、律师、运动员、新闻记者、冒险家、服务员、侦察员、演员等。

（二）胆汁质

胆汁质的人不拘泥于眼前的胜负，而专注于行动，热情地向自己的极限挑战。胆汁质的人往往对自己的本职工作不那么专注，不少胆汁质的人经常更换工作、更换单位甚至更换职业。也有不少胆汁质的人凭借自己掌握的知识和技能成为自由职业者，自由自在地工作和生活。他们对自己身边发生的事情，总是以旁观者的态度来对待。因此，他们对政治家、外交家、作家、记者、图案设计师、实业家、护士等职业有一定的适应性。另外，在体育界，胆汁质的人也比较活跃。

该类型的人适合从事反应迅速、动作有力、应激性强、难度较高而费力的工作，如导游、勘探工作者、推销员、节目主持人、演讲者、外事接待人员等。该类型的人不适合从事稳重、细致的工作。

（三）黏液质

黏液质的人工作能力强，对工作岗位的适应性也很强。黏液质的人处世精明，情报搜集能力也出类拔萃。他们不仅能从事学术、教育、研究、医师等内向型职业，而且可以活跃在政治家、外交官、商人、律师等外向型职业领域。他们当中，以其独特才能驰骋在作家、漫画家、艺术家、服装设计、广告宣传、新闻报道领域的也不少。

该类型的人适合从事有条不紊、刻板平静、难度较高的工作，如外科医生、法官、管理人员、出纳人员、播音员、会计、调解员等。该类型的人不适合从事剧烈多变的工作。

（四）抑郁质

抑郁质的人积极认真、努力向上、毫不懈怠，只要肩负了责任，就以所从事的工作为荣，努力解决因不太适应而造成的困难，并把它做好，这是抑郁质人的长处。抑郁质的人归属于集团的意识强烈，富有协调精神，做公务员的很多。他们在学者、教育家、研究人员、技术人员、医生等比较内向的职业领域有较强的适应性；在会计、一般事务性工作等方面的适应性也比较强。

该类型的人适合从事兢兢业业、持久细致的工作，如技术员、打字员、排版工作者、检查员、化验员、刺绣工、机要秘书等。该类型的人不适合从事要求反应灵敏、处事果断的工作。

综上所述，任何一种气质类型都有其积极和消极的方面，所以气质类型没有好坏之分，也不决定一个人的社会价值和成就大小，但气质类型能影响一个人的工作效率。不同领域的工作对人的要求是不同的，了解职业对气质的要求，了解个体的气质类型，有利于发挥个人的长处，提高适应职业的能力。因此，大学生在选择职业时，要根据自己的气质类型来选择合适的职业。

第五节 职业能力倾向

一、能力的概念

能力是指能够顺利完成某些活动所必须具备的个性心理特征。也就是说，能力是直接影响活动效率，使活动得以顺利进行的心理特征。

美国著名的组织行为研究者大卫·麦克利兰将能力素质界定为：能明确区分在特定工作岗位和组织环境中杰出绩效水平和一般绩效水平的个人特征。它分为 5 个层次：知识、技能、自我概念、特质和动机。麦克利兰应用冰山理论，把属于海平面上的知识和技能称为通用性能力素质。真正能区分优秀者与一般人的自我概念、特质和动机称为鉴别性能力素质。

二、能力的分类

能力按照其获得的方式（先天具有与后天培养），可以分为能力倾向和技能两大类。

（一）能力倾向

能力倾向是指上天赋予每个人的特殊才能，如音乐、运动能力等。它是与生俱来的，但有可能因未被开发而荒废。因此，这是一种潜能。例如，有些人具备和歌唱家一样的音准和节奏，但他们没有机会去发展这方面的能力。

（二）技能

技能是指经过后天学习和练习培养而成的能力。也就是说，通过练习获得的能够完成一定任务的动作和智能系统，如表达能力、演讲能力、组织能力、人际交往能力等。技能与知识不同：知识（如生活常识、物理知识、化学知识、数学知识等）可以通过语言文字等形式传授，而技能必须亲自学习并坚持练习，才能掌握其中的技巧。

辛迪·梵和理查德·鲍尔斯将技能分为3种类型：知识技能、自我管理技能和可迁移技能。

1）知识技能。知识技能是指那些需要通过教育或培训才能获得的特别知识或能力。

2）自我管理技能。自我管理技能经常被看作个性品质而非技能，因为它被用来描述或说明人具有的某些特征。它涉及个体在不同的环境下如何管理自己：是勇于创新，还是循规蹈矩；是认真做事，还是敷衍了事；能否在压力下保持镇定；是否对工作有热情；是否自信；等等。良好的自我管理技能能够帮助个体更好地适应周围的环境、应对工作中出现的问题，因此它也被称为适应性技能。

3）可迁移技能。可迁移技能是指在多个岗位、多个公司都可以使用的技能，可以理解为专业技能之外的通用技能，如沟通能力、创造力、领导能力、团队合作能力等。

这3种技能的关系可以用盖房子来比喻：知识技能如同各种原材料，如砖、水泥、沙子、钢筋、水等；可迁移技能如同施工的工人，他们用自己的行动把这些零星的原材料变为建筑，为人类所用；自我管理技能如同房子的质量，关系到房子的用途和使用年限。

三、能力与职业

当一个人的能力与工作要求相匹配时，最容易发挥自己的潜能，并能获得满足感；当一个人去做自己力所不能及的工作时，就会感到焦虑，甚至产生挫败感；当一个人的能力超出工作要求太多时，又容易感到工作缺乏挑战。因此，在选择职业时，我们要寻求个人能力与职业要求的匹配，这体现在两个方面：一方面是个人能力水平与职业层次相一致；另一方面是职业必须充分发挥个人的优势能力。例如，从思维能力来看，有些人擅长抽象思维，这类人比较适合从事与哲学、数学、物理学等相关的理论性、逻辑性较强的工作；有些人擅长具体动作思维，这类人比较适合从事体操、机械维修等技能性的工作；有些人擅长形象思维，这类人比较适合从事写作、音乐、绘画等文学艺术方面的工作。所以，只有根据自己的能力来确定自己的职业方向和领域，才能胜任并快乐地工作。

（一）雇主最重视大学毕业生哪些能力

美国大学和雇主协会最新的一项调查显示，美国的企业雇用大学毕业生最看重的能力不是毕业于什么大学，而是个人素质。在这项调查中，大部分雇主都将大学毕业生是否具有较强的与人沟通能力作为录取与否的主要考量之一。在所有个人素质考核的指标中，雇主最注重大学生的前 5 项个人素质为：与人沟通能力、分析能力、团队工作能力、专业技能、较高的职业道德水平。

职场专家认为，对于一个刚走出校门的大学毕业生而言，他们的实习经历在求职中显得非常重要。许多雇主认为，与人沟通能力和良好的职业道德，大多是在现实生活（尤其是在工作或是实习）中训练出来的，这也是很多雇主喜欢雇用有实习经历的大学毕业生的主要原因。

（二）特殊能力与职业匹配

根据职业所需的特殊能力类型，可以把特殊能力与职业匹配进行如下划分。

1）擅长与物打交道。这种能力可以从事如制图、勘测、建筑、机械制造等工作。

2）擅长与人打交道。这种能力可以从事如记者、推销员、教师、行政管理人员等工作。

3）擅长做有规律的工作。这种能力可以从事如文秘、图书管理员等工作。

4）喜欢社会福利和帮助人。这种能力可以从事如医生、律师、咨询等工作。

5）具有领导和组织能力。这种能力可以从事如行政人员、企业管理人员等工作。

6）擅长研究人的行为。这种能力可以从事如心理咨询人员、人事管理等工作。

7）擅长科学技术研究。这种能力可以从事如科学家等工作。

8）具有抽象、创造性能力。这种能力可以从事如经济分析师、社会调查人员等工作。

9）具有操作性、技术性能力。这种能力可以从事如驾驶员、飞行员、机械制造人员等工作。

训练活动

活动一 我的愿望

写出 7 件让你感到高兴、骄傲且希望自己常常从事的活动，你也可以写一些自己很喜欢做但未做过的活动。对于你所提到的每一项活动，问自己如下问题："它与工作或职业有关吗？"如果是，就在该活动后面把职业名称写下来。

请写出你希望常常从事的活动，它与工作有关吗？（工作或者职业名称）

1）______

2）______

3）______

4）______

5）______

6）______

7）______

活动二 我的蝴蝶大梦

不用考虑现实的可能性，放下你现在所有的角色，让你的思绪离开现在的座位，飞出教室，让思维无限发散，可以从历史到现在再到未来，如古今中外、历史人物、现代商业名人……请写出5～10种吸引你的截然不同的职业或人物。

完成后，在每个职业或人物后面写上吸引你的原因。

	职业或人物	吸引你的原因
例：	教师	稳定、社会地位、收入、受人关注
例：	比尔·盖茨	财富、独立、智慧、影响力
1）		
2）		
3）		
4）		
5）		
6）		
7）		
8）		
9）		
10）		

感悟：通常我感兴趣的职业特质是

______

______

______

活动三　我的过往经历

1）从小到大你担任过哪些职务？你喜欢的是哪些职务？不喜欢的是哪些职务？请说明原因。

____

____

____

2）你最敬佩或崇拜的人是谁？他对你产生了什么影响？

____

____

____

3）你最喜欢看哪些期刊？这些期刊中的哪些部分吸引你？你去逛书店，通常会停留在哪类书架前？

____

____

____

4）你最喜欢什么科目？为什么喜欢？

____

____

____

5）你喜欢哪个频道的电视节目？为什么？

____

____

____

6）你的答案中有什么共同点？是否可以归纳为什么主题或关键词？这些主题或关键词和霍兰德的哪些类型相对应？

____

____

____

活动四　我的喜好，我的梦

1973 年，霍兰德的著作《做出职业选择》（*Making Vocational Choices*）问世，在这本书中，他全面叙述了职业兴趣和职业选择理论。

根据霍兰德的观点：一个人的职业兴趣会极大地影响职业的适宜度。当人们所从事的职业与其兴趣相吻合时，就能发挥最佳水平，易于做出成就；反之，则可能感到极不适应或者毫无兴趣，即使取得一定成绩也难以获得成就感。霍兰德经过大量的分析研究，把职业兴趣分为6种基本类型，我们每一个人都归属于其中的一种或几种类型。根据第一章“人格类型理论”中对6种职业兴趣类型的描述，回答下面的问题。

1）请用笔在与你自己喜好相符合的6种人格类型相匹配的语句下面画横线。

2）请用你喜欢的彩色笔画出与你最相符的3句话，记录在下面的横线上，并结合自己的人生经历与邻座同学分享一个相关故事。

____

____

____

3）请用你最不喜欢的彩色笔画出与你最不相符的3句话，并记录在下面的横线上。

____

____

____

4）请用你喜欢的彩色笔画出你最喜欢的职业，并说明理由。

____

____

____

5）请用你不喜欢的彩色笔画出你不喜欢的职业，并说明理由。

____

____

____

第三章 职业社会认知

案例导读

通过实习认识职业社会

赵某，江汉大学光信息科学与技术专业学生。2015 年 3 月，赵某以实习生的身份进入了软通动力信息技术与服务有限公司。在以华为为背景的工作环境中，她完成了一次蜕变。带着职场新人对新知识的渴求，她在实习的第一个月就被评为优秀实习生，并且受到导师好评。

实习期间，她完成了版本管控的优化，并且结合配置管理岗位和底层驱动软件开发模块的需要，完成了一套自动化构建及测试集成系统，在很大程度上提高了工作效率，得到了上级的认可，并将其应用推广。

同年 6 月，她结束了自己的实习，选择继续留下来，以不断丰富自己的工作经验，不断挑战自己对专业领域的认识。在实习期间，她还完成了自己的毕业设计，并被评选为省级优秀毕业生论文。

（资料来源：根据江汉大学学生案例改编。）

第一节 认识职业社会的维度与方法

一、认识职业社会的维度

（一）评估职业

职业社会是由地域、行业、组织、职业、职位所构成的一个嵌套生态系统。在该系统中，大系统的变化会引发小系统的变化。例如，财务专员这个职位，在不同行业、不同组织中，其工作内容、工作待遇会有所差别。面对五花八门的职业种类，我们应该用什么方法来评估职业的各个层面或工作性质是否符合我们的需要，或是我们各方面的特质是否符合该职业的需要呢？

PLACE 职业分析法是一种评估职业的有效方法，其中：

P：职位（position），包括该职业在社会中有哪些具体职位、职位的经常性任务、所需担负的责任、工作层次等。

L：工作地点（location），包括地理位置、环境状况、室内或室外、工作地点的变化性、安全性等。

A：升迁状况（advancement），包括工作的升迁通道、升迁速度、工作稳定性、工作保障等。

C：雇佣状况（condition of employment），包括薪水、福利、进修机会、工作时间、休假情形、特殊雇佣规定等。

E：入职要求（entry requirements），包括所需的教育程度、资格证书、训练、能力、人格特质、职业兴趣、价值观等。

（二）评估组织

1. 企业文化

企业文化是企业在长期生产经营过程中逐步形成与发展的，带有本企业特征的企业经营哲学，即以价值观和思维方式为核心所生成的外化的企业行为规范、道德标准、风俗习惯与传统的有机统一。一般从以下 4 个方面对企业文化进行评估。

1）物质层面。它是组织文化的表层，包括设备、产品等。

2）制度层面。它是组织文化的浅层，包括管理体制、规章制度等。

3）行为层面。它是组织文化的中层，包括会议、活动、行为、语言等。

4）精神层面。它是组织文化的核心层，包括企业愿景、经营理念、标语口号等。

2. 组织结构

评估组织结构是指评估企业对工作任务是如何分工、分组和协调合作的。常见的组织结构如图 3-1～图 3-3 所示。

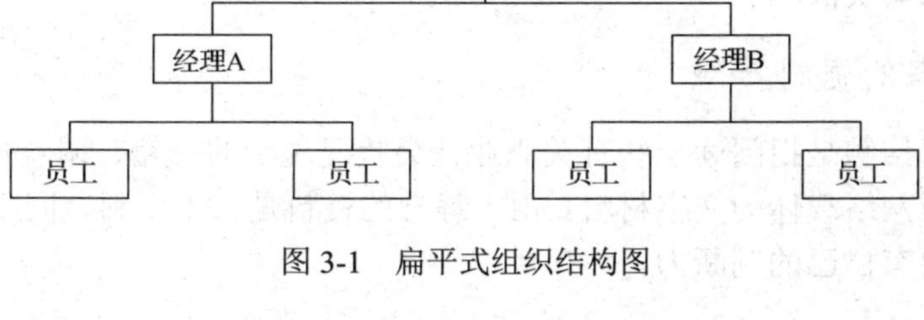

图 3-1 扁平式组织结构图

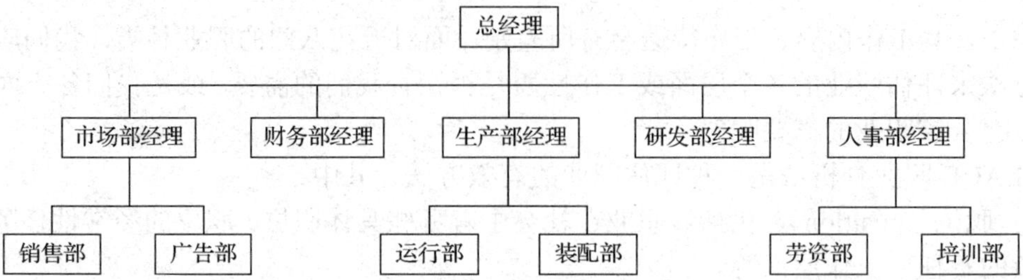

图 3-2　职能型组织结构图

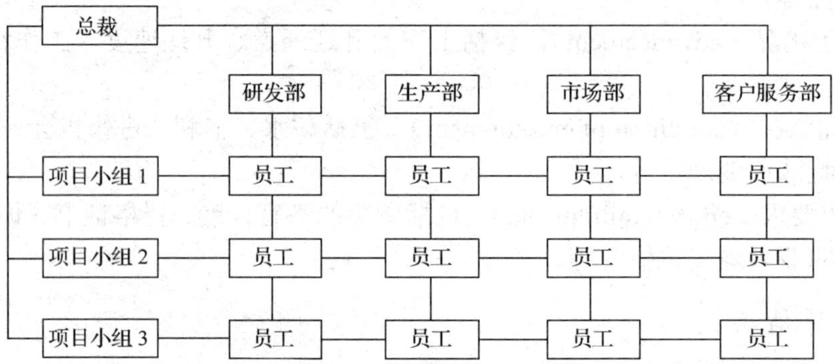

图 3-3　矩阵型组织结构图

3. 员工的职业生涯开发

员工的职业生涯开发包括：帮助员工更好地认识自我兴趣、价值观、性格、气质类型等，对员工的职业行为进行有效的反馈评估；为员工提供多种发展可能，如必要的培训、岗位信息、公开竞争机会、岗位轮换机会、不同晋升途径等；帮助员工确立与个人愿望和组织需求相契合的职业目标；为员工设计合理的职业发展路线并提供必要的支持等。

4. 其他

其他包括：评估行业前景、地域发展机会、生活成本、教育医疗、生活方式等。

二、探索职业社会的方法

探索职业社会的方法有很多，大致可以归纳为以下 3 类：静态的资料接触、动态的资料接触和参与真实情境。

（一）静态的资料接触

静态的资料接触是指阅读一些有关职业社会状况说明的书籍、调查报告、文献、招聘广告等纸质或网络载体的文字材料。由于静态的资料是二手资料，同学们在利用这些资料时，一定要有自己的判断力。

（二）动态的资料接触

动态的资料接触是指通过一些实践活动去获取自己感兴趣的职业信息。动态的资料接触可以使大学生获得职业社会的第一手资料，增强自身的体验。例如，生涯人物访谈是大学生获得动态职业社会资料的主要方法。生涯人物访谈是指找多位从事自己感兴趣工作的资深工作者进行面谈。生涯人物访谈可以起到如下作用：①可以印证通过静态资料接触所收集的职业资讯的可靠性和有效性；②可以更加深入地了解工作者从事该职业的生涯抉择或甘苦经验，以作为审视自己是否投入该职业的重要参考；③如果生涯人物访谈的地点是在其工作场所，则可以观察其实际工作情形、工作内容等，以评估自己对该职业的喜好或适合程度。

（三）参与真实情境

参与真实情境是指通过参与真实的工作情境来获取职业社会的信息。与动态的资料接触相比，通过参与真实工作情境获得的职业资讯更加深入，在职业体验方面也更加深刻。通过参与真实工作情境还可以培养自己的职业能力，获得工作经验。例如，参加社会实践和创业是大学生参与真实工作情境常见的两种途径。

第二节 职业分类及基本能力要求

一、我国对产业、行业的划分及概述

我国对产业、行业的划分及概述见本书附录。

二、职业分类方法

目前，《中华人民共和国职业分类大典》（以下简称《大典》）（2015 年版）将我国职业归为 8 个大类，75 个中类，434 个小类，1481 个细类（职业）（自《大典》出版以来，每年都要出增补版本，增补新增加的职业类型）。其中，8 个大类分别如下。

第一大类：党的机关、国家机关、群众团体和社会组织、企事业单位负责人。其中，包括 6 个中类，15 个小类，23 个细类。

第二大类：专业技术人员。其中，包括 11 个中类，120 个小类，451 个细类。

第三大类：办事人员和有关人员。其中，包括 3 个中类，9 个小类，25 个细类。

第四大类：社会生产服务和生活服务人员。其中，包括 15 个中类，93 个小类，278 个细类。

第五大类：农、林、牧、渔业生产及辅助人员。其中，包括 6 个中类，24 个小类，52 个细类。

第六大类：生产制造及有关人员。其中，包括 32 个中类，171 个小类，650 个细类。

第七大类：军人。其中，包括 1 个中类，1 个小类，1 个细类。

第八大类：不便分类的其他从业人员。其中，包括 1 个中类，1 个小类，1 个细类。

三、职业社会对人才素质的要求

职业社会对人才素质的要求随着时代的发展而发生变化。近年来，我国科学技术发展突飞猛进，经济快速发展，思想观念更新加快，与国际接轨步伐加快，这些新情况使得对人才的要求出现以下 5 个转变：①由操作型向智能型转变；②由单一型向复合型转变；③由职业型向社会型转变；④由就业型向创业型转变；⑤由阶段性学习向终身性学习转变。与这 5 个转变相适应，各类职业也对人才素质提出了共同的要求，即必须具备一定的思想道德素质、职业素质、生理素质和心理素质等。

（一）思想道德素质

用人单位认为，思想道德素质高的学生不仅用起来放心，而且有利于本单位文化的发展和进步。人的思想道德素质体现在人的一言一行中。

（二）职业素质

1. 事业心和责任感

事业心是指干一番事业的决心。有事业心的人目光远大、心胸开阔，能克服常人难以克服的困难而成为事业上的佼佼者。责任感则要求把个人利益和企业利益、国家利益、社会利益紧密联系起来，树立强烈的社会责任感。

2. 专业基础

现代职业对从业人员的专业基础要求越来越高，专业化的倾向越来越明显，只有拥有“一专多能”，才能在职场竞争中取胜。

3. 学习能力

现代社会科学技术飞速发展，只有基础牢、会学习、善于汲取新知识，才能不断地在各方面完善自己，跟上时代的步伐。

4. 人际交往能力

人际交往能力就是与人相处的能力。随着社会分工的日益精细以及个人能力的限制，单打独斗已经很难完成工作任务，人与人之间的合作与沟通必不可少。

5. 吃苦精神

用人单位认为近年来所招录的大学生最缺乏的素质就是吃苦精神。吃苦不一定是受罪，吃苦是一种人生历练，是一种经验和智慧的积累。

6. 创新精神

用人单位迫切需要大学生运用创新精神和专业知识来帮助他们改进技术，创新和加强组织管理，给组织带来活力。

（三）生理素质和心理素质

现代生活节奏快、工作压力大，没有健康的身体很难适应现在的工作。同时，健康的心理也是一个人事业取得成功的关键。大学生走出校园后，会遇到更加复杂的人际关系、更为沉重的工作压力，这都需要大学生能够从心理层面进行自我调适。

第三节 走近职业社会

一、劳动力市场

（一）什么是劳动力市场

劳动力市场在市场体系中居于极其重要的地位，它是实现经济活动最为活跃和重要的要素。劳动力优化配置的重要机制，是劳动力供求双方之间自愿进行的劳动力使用权转让与购买活动的总和。劳动力市场有狭义和广义之分。狭义的劳动力市场是指某一专业劳动力的供给与需求双方自愿进行的劳动力使用权转让与购买的一系列活动。广义的劳动力市场是指许多狭义劳动力市场综合而成的劳动力市场体系。某种类型的劳动力供求关系状况，决定了该类型劳动力的市场价值。

（二）我国劳动力市场的现状与存在的问题

1. 我国劳动力市场的现状

2019 年 12 月 15 日，由北京师范大学劳动力市场研究中心推出的《2019 中国劳动力发展报告》（以下简称《报告》）发布，聚焦“全面开放新格局进程中的劳动力市场调整”。《报告》认为，现阶段我国劳动力市场存在以下 6 个特征。

1）就业压力总体可控。就业总量不会发生大幅波动，大规模失业问题出现的可能性很低，但周期性失业有波动中上升的趋势，短期内失业压力仍然较大。

2）大学生就业结构性矛盾突出。外部环境变化造成大学生需求升级、大学生供给调整滞后，具体表现为文科毕业生就业困难、理工科人才短缺，同时也出现了东部地区人才集聚、中西部地区人才匮乏的矛盾。

3）农民工失业风险增加。我国产业全球价值链提升，加速了农民工本领恐慌，诱发农民工非自愿性失业。

4）人才高地加速形成。全面开放新格局下我国正在形成三大人才高地，即高校林立、协同发展的京津冀地区，区域协作、金融领先的长三角地区，全球引智、科技当先的粤港澳大湾区。

5）劳务输出输入更加频繁。从2000年以来的数据来看，输出方面总体呈现增长态势，输入方面持证就业人员总体有所增加，而来华留学生来源地多元化、目的地多样化，在华就业意愿增强。

6）劳动力市场不平衡性加剧。

2. 我国劳动力市场存在的问题

改革开放40多年来，我国劳动力市场存在以下4个方面的问题。

1）劳动力供给从结构性过剩转向结构性短缺，高技能劳动力短缺与低技能劳动力结构性失业共存。

2）受劳动力市场分割等因素的影响，劳动力市场一价定律的实现存在较大障碍，城乡之间、区域之间和行业之间的工资差异明显，收入分配差距仍然在高位徘徊。

3）劳动力市场的高流动性开始逐渐降低，劳动力流动的户籍障碍依然没有完全破除。

4）劳动力市场调控政策取得了明显进展，社会保障基本实现了对劳动人口的全覆盖，但是社保覆盖水平的不平衡问题依然突出。

（三）影响劳动力市场发展变化的因素

1. 经济形势的影响

短期内对劳动力市场影响最大的因素是经济形势。经济繁荣则失业率低，劳动力需求旺盛，价格也相对较高。产业升级或者支柱产业转型也会给劳动力市场带来结构性的改变。

2. 政策影响

人口政策、经济政策、户籍管理政策等都会影响劳动力市场的发展变化。

3. 科技影响

科技改变了人们的生产生活方式，尤其是在互联网高速发展的今天，它不仅改变了人们的生活方式，而且对传统产业产生了颠覆性影响，同时也深刻影响了劳动力市场。

4. 教育、培训的影响

教育、培训对劳动力市场的影响主要体现在更新劳动者的知识结构，提升劳动者的工作技能等方面。

5. 经济全球化影响

经济全球化使得各种贸易壁垒逐渐被打破，信息化、全球化潮流使国际人才竞争加剧。

二、我国就业形势现状

当前，我国就业形势整体持续稳定向好。尽管面临外部竞争压力和国内经济结构调整、环保要求趋严和金融市场波动加大等内部环境压力，但我国就业形势整体仍呈现稳定向好的态势。

（一）我国当前就业形势的几个显著特点

1）服务业吸纳就业能力不断增强。近几年，我国服务业的增速保持在较高水平。服务业的平稳较快发展对保持就业稳定做出了重要贡献。从服务业内部来看，信息传输软件和信息技术服务业、水利环境和公共设施管理业、教育、卫生、社会工作、文化体育、娱乐业等新兴服务业就业人数同比增速居前列。

2）创新创业成为就业增长的重要源泉。国务院和各级地方政府积极推进“大众创业、万众创新”，催生出了一大批新的市场主体，日益成为我国创新发展和扩大就业的重要支撑。

3）高技能人才短缺的结构性矛盾突出。当前，我国就业市场高技能人才总体呈现供不应求的状态，我国技能型人才特别是高技能人才短缺的问题仍十分突出。

4）淘汰落后产能地区和沿海外贸省份失业风险较大。2016年以来，随着钢铁、煤炭等行业“去产能”工作实质性启动，这些行业的隐性失业逐渐显性化，就业压力显著增加。虽然近两年这些行业淘汰落后产能的剩余职工大多由企业内部消化，但企业内部安置的潜力越来越小。

从以上整体形势来看，在党中央、国务院实施就业优先战略和积极就业政策的有力支撑下，我国整体就业形势呈现持续稳定向好势头。但也应注意到，就业领域存在的一些区域性、结构性和体制性问题仍然比较突出，对实现高质量就业将产生不利影响。

（二）我国高校大学生面临的就业形势

总体而言，高校大学生就业在结构性矛盾没有缓解、选择性问题依然突出的情况下，毕业生供大于求的矛盾将会持续影响大学生就业。这些矛盾交织在一起，将是近年来高校大学生就业形势的一个显著特点。大学生就业形势不容乐观，体现在以下几个方面。

1）受整体经济结构调整的影响，一批国民经济重点行业或是上游行业，因为产能过剩、产品滞销等原因，面临裁员压力，人员需求减少。例如，冶金、钢铁、煤炭、电力、石油化工、建材、交通、造船、汽车等行业都出现不同程度的行业萎缩或深度调整，毕业生需求将持续减少，毕业生总量大于社会需求。

2）毕业生就业呈现多样化、多元化趋势。选择与自己职业兴趣、职业期待相吻合的职业，以及追求“我幸福”“我高兴”的就业价值观，在95后、00后毕业生中尤为鲜明。灵活就业、个体就业、自主创业等方式的就业人数都将增长。

3）社会需求增加了用人的评价标准，用人单位在人才招聘过程中呈现“追高”趋势，而高校人才培养规格对接社会需求尚有一定差距，毕业生的职业技能无法胜任岗位职责，出现毕业生就业难、企业招工难的“两难”局面。

尽管大学生就业形势严峻，但近几年大学生就业也有值得期待的方面。在科技创新不断深入的历史背景下，人工智能、大数据、云计算、智能制造等行业快速发展，特别是各地“互联网+创新创业”型企业如雨后春笋般地成立和发展，为大学生就业提供了新的渠道。基层单位、服务业、制造业及寻求转型升级的企业，对大学生的需求也是极为迫切的。中央及地方政府出台了一系列大学生就业的政策和措施，鼓励大学生到中小企业就业、到基层就业、到西部就业、到祖国最需要的地方去建功立业，为高校大学生就业提供了宏观的政策性引导。

三、职业环境分析

在进行职业生涯规划时，要充分了解社会环境对于个体职业生涯的影响，深入分析社会环境的特点，掌握其发展变化趋势，认识自己在社会环境中所处的位置，以及自身能够胜任该职业的优势和不足等。只有充分了解社会环境的特点和变化趋势，才能在复杂多变的社会环境中为自己选择一份适合的职业，使大学生职业生涯发展具有现实意义。

（一）经济环境

1. 经济发展形势

社会经济形势的发展变化对于职业会产生较为明显而复杂的影响：当社会经济萧条时，企业经济效益降低，对人才的需求明显减少，进行职业选择的范围变小，职业发展的机会也同时变少；当社会经济繁荣时，企业经济效益显著提高，对人才的需求明显增强，进行职业选择的范围扩大，职业发展的机会也随之增多。

2. 人才市场供需

人才市场的供需情况对于择业和职业发展也会产生重要影响。若人才的供应不及社会的现实需求，则择业范围扩大且职业发展机会增多；相反，若人才的供应大于社会的现实需求，则择业范围缩小且职业发展机会减少。

3. 收入水平

人才资源的需求是社会的一种派生需求。当收入水平高时，大众对商品和服务的需求增加，消费能力提高，企业为满足社会需求而扩大生产，增加对人才的需求，择业范围扩大且职业发展机会增多；相反，当收入水平较低时，大众对商品和服务的需求紧缩，消费能力下降，企业生产减少，对人才的需求也随之降低，择业范围缩小且职业发展机会减少。

4. 经济发展水平

在经济较为发达地区，用人单位较为集中，其中不乏优秀企业，为就业者提供了较多的就业机会，有利于个人职业生涯的发展；而在经济发展中地区，择业和职业发展会受到一定程度的限制。

（二）政治环境

政治环境主要包括国家的方针政策，如教育制度、政治体制、经济和管理体制、人才流动和扶持政策等。政治和经济是相互影响的，政治体制和方针政策会影响经济体制，从而影响用人单位的组织结构及个体的职业生涯发展。政治制度和政治环境对个体产生潜移默化的影响，直接影响个体的职业选择和职业发展。

（三）法律环境

对职业选择、职业发展及社会职业环境产生影响的法律因素是指国家、地方或有关部门颁布的具有法律效应的法律法规、规章制度、管理条例等，影响和保障个体的职业选择和职业发展。例如，公务员法、劳动法、工时和最低工资标准、社会保障制度等。

（四）文化环境

文化环境主要包括社会教育资源和教育水平、社会文化基础设施等方面，影响人们的观念、行为，反映了个体的信念原则、世界观、价值观和人生观。在氛围良好的文化环境中，个体受到良好的专业教育，为个体的职业选择和职业发展打下坚实的基础。

（五）价值观念

人具有社会属性，在社会生活中受到社会观念的熏陶和影响。社会价值观是一个社会的价值观念。个体思想观念的形成、发展和日趋成熟的过程，是认识、认可并接受社会价值观的过程。社会价值观是影响个体进行职业选择和职业发展的价值观。因此，个体要认识并接受社会积极正确的价值观，并将其内化为自身价值观的一部分，并指导自己进行职业选择，追求职业发展的成功，实现职业的社会价值。

四、职业信息的内容

与具体职位直接相关的信息有：工作内容和职责；薪酬待遇和福利；工作时间、地点和环境；入职条件；可发展的空间；组织文化和规范等。

（一）工作内容

工作内容是职位信息最关键的部分。入职前需要明确知道入职后该做什么、如何做、做到什么程度等。具体来说，要考虑工作的对象，即该工作的直接对象及其他所需的活动对象；工作的任务及责任，即要做什么、达到什么状态；作息时间，包括加班情况及出差情况等。

（二）工作环境

在职场中，个体性格和工作环境的匹配越来越受到人们的重视。工作环境是指与工作有关的社会环境和物理环境。社会环境包括人际关系、工作气氛、学习氛围、领导管理方式与风格等。物理环境是指工作的空间环境和工作所使用的设施等。

（三）工作报酬

工作报酬是员工为企业付出劳动所获得的回报与酬劳，包括物质报酬和非物质报酬。物质报酬有工资、奖金、津贴、各种福利、假期等。非物质报酬有乐趣、自信和成就感等。现代人越来越重视非物质报酬，经济学中有一个著名的“雷诺尔雪山效应”，就是非物质报酬的典型。

（四）入职条件

入职所需的条件包括受教育程度、专业水平、经验、性格、能力要求等。不同的职位对性格和能力有不同的要求，用人单位聘用时可能更看重专业技能，但随着工作的长期发展，个人的一般能力和内在素质将会起到举足轻重的作用。

训练活动

活动一　关于职业信息

以 5～6 人为一组进行讨论：可以通过哪些渠道了解职业信息，需要了解哪些职业信息，按下列格式填好后，每组选出一名成员进行汇报。

1）收集职业信息的途径和方法：

____

____

____

2）职业信息的内涵：

____

____

____

3）打算通过何种渠道收集职业信息（在下列选择的渠道前的括号中打“√”）：

（　　）收集、研究与特定领域职业有关的书面信息。

（　　）采访有关人士，对自己感兴趣的职业有进一步的了解。

（　　）从职业咨询老师那里得到更多的个人帮助。

（　　）通过选修课来检测自己对某一相关职业领域的兴趣。

（　　）通过参加社团活动来检测自己对某一相关职业领域的兴趣。

（　　）通过兼职、实习或者志愿者活动来检测自己对某一相关职业领域的兴趣。

其他渠道：______________________________________

活动二 职业博览会

1）以 4～5 人为一组，组成一个“职业资料专家小组”，每组选定 1 人为组长，1 人负责记录，其他人为参谋，每组选定一个与所学专业职业目标比较接近的具体职业或行业，并收集相关资料。

2）重新安排桌椅，以便开展“职业资料新闻发布会”。

3）每组选 1 人进行 5 分钟左右的“职业资料发布”演示（最好用 PPT 等多媒体手段），内容包括职业的工作内容、对应聘人员的要求等。

4）演示完毕，全体组员到前台接受其他同学的咨询，时间为 5 分钟左右。

5）其他各组同学就准备的职业资料情况、演示现场和回答反应进行打分。

6）讨论：

① 如何才能收集到正确、完整的职业资料？有哪些收集职业信息的渠道？

____

② 在各组介绍的职业中，哪个或者哪些职业吸引你？吸引你的理由是什么？

____

活动三 什么才是最重要的

请快速回答以下问题。

1）如果我有 100 万元，我将：

____

2）在生活中，我最想得到的是：

____

3）如果我只剩下 24 小时的生命，我将：

____

4）我的工作必须能给我：

____

5）我给我的孩子的忠告是：

____

6）如果在一场大火中我只能救出一件东西，它将是：

____

7）如果我能改变自己的一件事，它将是：

____

回答完以上问题，同学们有哪些新发现呢？

____

活动四　职业初体验

对于大学生来说，职业是实现自身职业规划目标的载体。职业是指具备劳动能力的个体，运用自身的知识、技能与态度，从事社会生产服务，为社会创造物质财富与精神财富，并获取合理的个人报酬，以满足自身物质需求与精神需求的持续性活动。

职业探索是对你喜欢或要从事的职业进行理论分析和实际调研的过程，其目的是对目标职业有充分的了解，并根据与职业的差距制定求职策略。

在大学学习期间，有很多与社会接触的机会，你一定有一些兼职、实习、勤工俭学的经历，请将你的这些“职业初体验”记录下来。

1）该工作的主要工作内容。

____

2）你从事该工作的主要收获和体会。

____

3）经过工作之后，你如何在以后的学习、生活、实践中进行改进。

____

第四章 职业生涯决策

案例导读

从学生到军人

郑某，江汉大学机电与建筑工程学院材料成型及控制工程专业 2018 届校友，2012 年入学，2013 年参军入伍，服役于河南省公安消防总队，2015 年退伍复学。后来进入武汉大学动力与机械学院机械工程专业攻读硕士学位。

投身军旅，追求梦想

郑某 2012 年入学，2013 年兵役制度改革为夏秋季征兵时，他毅然报名参军。他的老师问他："你这样去当兵有什么优惠政策？有什么好处？"他只是说："这只是我的一个梦想，我不在乎那些优惠政策。"

2013 年 9 月 12 日，他满怀着憧憬与激情来到河南省公安消防总队。刚入伍时，他身体瘦弱，貌不惊人，可要强的他靠着自己的努力，每天清晨 5 点钟，当别人还沉浸在梦境中时，他已早早起床，绑上沙袋，在操场上进行 5 公里负重耐力跑。为了练臂力，他把中队的杠铃加到 150 多斤，刚开始每次训练下来，胳膊都肿得拿不起筷子，可凭着对部队的执着和追求，他在一次次的磨炼中成长起来。在灭火救援行动中更是冲锋在前、英勇奋战，参加了各类抢险救援，积累了丰富的灭火经验，同时也练就了过人的胆识。

他从不讲条件，也不计回报，更不张扬自己，只是默默无闻地为这个"大家庭"工作着、奉献着，他所做的一切多次受到领导的肯定和表扬。

退伍复学，争做榜样

2015 年 9 月 10 日，他从部队光荣退伍。由于部队的生活习惯给他带来了极大的改变，他对于退伍后的生活很不习惯。刚回到学校复学的他，感觉与学校的生活格格不入。早上 6 点大家都还在睡觉，他就自然醒了；齐步走的动作让他在人群中显得很怪异；无论谁喊他，他都会回答一声"到"。

然而他并没有因为这种不习惯而改变自己。他时常以一个军人的要求来要求自己，他希望把部队的优良作风带到学校，融入自己的学习生活中。

退伍回到学校后的他时常告诫自己：你现在处于什么阶段，就要做好什么样的事情。于是每次上课当别的同学都抢后排的座位时，他就去抢第一排的座位去强迫自己认真学习，不给自己有偷懒的机会。

在大一时，他的绩点只有 3.01，大二时是 3.07，大三时是 3.57，大四时达到了 3.72。这些成绩在年级中并不算优秀，但是他凭借这种学习态度每年都在进步，每年都会获得荣誉。他在退伍复学后的三年里，连续两年获得一等奖学金，还获得了起龙优秀学生奖学金。毕业时，他被评为优秀毕业生，并作为毕业生代表在学院毕业典礼上发言。正如他发言中所说："我们在大学里学的不仅仅是知识，更重要的是一种做人做事的态度。"他这种做人做事的态度也得到老师和同学们的肯定，尽管他不是班长也不是团支书，但是不管有什么事情，老师和同学们都喜欢找他帮忙。有人说他傻，不知道拒绝，总是牺牲自己的时间去帮助别人，对此他总是一笑而过。

在这 6 年里，郑某也觉得有些许遗憾，来不及和战友们说再见就已经退伍了，还有好多东西都没有学到就已经毕业了。

大学是梦想起航的地方，是人生中最宝贵的财富之一。希望同学们能为自己的将来做好规划，想好自己想干什么，应该干什么，应该怎么去做，怎么样能做到最好。因为青春可以有遗憾，但是不应该有后悔。

（资料来源：根据江汉大学学生案例改编。）

第一节 认识职业生涯决策

一、职业生涯决策风格

在生活中，你可能已经注意到不同的人使用不同的方法做决策，人们的决策风格和类型各不相同。丁克里奇在 1968 年通过访谈研究，将职业生涯决策风格归结为以下 8 类。

1. 烦恼型

烦恼型的人会花很多时间和精力来收集信息，确认有哪些选择，向专家询问，反复比较，却迟迟难以做出决定。他们常常喜爱说的一句话是"我就是拿不定主意"。出现这种情况时，收集再多的信息进行分析比较也无济于事。需要弄清楚的是，他们被什么样的情绪和非理性信念困住了，如害怕自己做出错误的决定、追求完美等。

2. 冲动型

冲动型的人在遇到第一个选择时就紧紧抓住不放，不再考虑其他选择或进一步收集信息。他们的想法是“先决定，以后再考虑”。例如，先找到一份工作做了再说。冲动型的决策方式可能是出于对困难的回避，不愿意花时间和精力去探索。这种方式的危险在于风险太大，等看到有更好的选择时会追悔莫及。

3. 直觉型

直觉型的人将自己的直觉感受作为决策的基础。他们通常说不出什么理由，一味地表示“就是觉得这个好”。人们在择业时常常采用这种方式。直觉在人们对环境情况无法获得充分信息时会比较有效，但它可能不符合事实。有时，我们的判断可能会因自身先入为主的偏见而产生较大的偏差。因此，我们不能仅仅将直觉作为决策的依据。

4. 拖延型

拖延型的人习惯将对问题的思考和行动都往后推迟，“过两天再考虑”是他们的口头禅。大学生常见的“我还没有准备好找工作，所以打算先考研”，就是这种方式的体现。拖延型的人心中暗暗抱有这样的希望：也许事情过几天就自动解决了。然而，问题并不会自动解决，有时甚至会越拖越严重。如果你现在不知道该怎么找工作，那么读完研究生也未必就能知道。

5. 宿命型

宿命型的人不能自己承担责任，而将命运寄托于外部形势的变化。他们会说“该怎么就怎么吧”或者“我这个人永远也不会走运”之类的话。人生态度不积极，往往将决定权留给命运，需要做出决定和努力的时候无力感就会非常明显。这样的人容易成为环境的受害者，怨天尤人，却没想到自己的处境正是由自己造成的。

6. 顺从型

顺从型的人倾向于顺从别人的计划而不是独立地做出决定。他们常说“只要他们觉得好，我就觉得好”。例如，很多大学生一窝蜂地争取出国、进外企、考研、参加各种培训班，只因为“大家都这样做”。顺从型的人在追随群体的过程中获得一种虚假的安全感，但却忽略了自身的独特性，这就造成他们的选择在很大程度上并不适合自己。他们在不必费心思考的同时，也牺牲了对生命可能的满足感。

7. 瘫痪型

瘫痪型的人在理性上接受了应当自己做决定的观念，却无法开始决策过程。他们知道自己应该开始了，可在内心深处总笼罩着“一想到这事就害怕”的阴影。事实上，他们无法真正为决策和决策的后果承担责任，而这种害怕承担责任的心理可能源于家庭在其成长过程中长期的不当养育方式。

8. 计划型

计划型的人能够冷静且客观地分析各种选择的利弊得失，在做决策时使用标准化决策模型所推荐的理性策略。

二、职业生涯发展的影响因素

一个人在做出职业生涯决策时，除了自身因素之外，还会受其他因素的影响。归纳起来，包括个人因素、家庭因素、职业因素、社会因素 4 个方面。

（一）个人因素

职业生涯发展的主体是决策者本身，决策者个人的特征会极大地影响其生涯决策。决策者个人因素包括生理特质、心理特质、教育程度 3 个方面。

1）生理特质。它包括性别、年龄、身高、体重、健康状况等。

2）心理特质。它包括性格、能力、兴趣、成就动机、价值观念等。

3）教育程度。教育是获得知识和技能的主要途径。个体受教育的层次越高，就业或升学的选择机会也就相对越多。一个人的教育程度直接影响其职业选择方向和获取喜欢职业的概率。

（二）家庭因素

家庭因素包括家庭生长环境、家人的期望、与家人的关系、家庭经济状况等。

1）家庭生长环境。每个人所生长的环境，对其就业机会都有较大影响，体现在以下几个方面：①教育方式不同，造成个体认知世界的方法不同；②父母的职业是孩子最早观察模仿的角色，孩子必然会受父母职业技能的熏陶；③父母的价值观、态度、行为、人际关系等对子女的职业选择起到直接和间接的影响。因此，在现实社会中，我们常常会看到艺术世家、教育世家、商贾世家等。

2）家人的期望。一般父母对子女都有较高的期望，有的把自己当年没有实现的期望寄托在子女身上，希望他们去实现，但这可能与子女本人的理想、兴趣不一致。

3）与家人的关系。我们每个人都是家庭中的成员，有的与父母关系很亲密，在做重大决定时会考虑父母的意见。在家庭中，子女与父母关系的亲疏会直接影响他们的职业生涯决策。

4）家庭经济状况。有的学生家庭经济状况不太好，在学校读书经济比较困难，费用主要靠助学贷款。这种情况下，毕业时就要考虑先就业，等到家庭经济条件改善后再继续深造。

（三）职业因素

职业因素包括工作性质、条件、时间、福利、升迁、人际关系等。随着社会的发展，科技的不断进步，一些传统的职业在不断消失，新的职业不断涌现。这些新职业的性质、工作环境与条件、工作后的升迁与前途、工作的福利待遇等都是大学生在做职业生涯决策时要考虑的重要因素。

（四）社会因素

社会因素包括社会的经济、文化、风气、习惯等。在经济发展水平较高的地区，各类企业相对集中，优秀企业比较多，个人职业选择的机会也比较多，因而有利于个人职业的发展；反之，在经济发展水平落后的地区，个人职业发展也会受到一定限制。社会文化环境包括教育条件和水平、社会文化设施等。在较差的社会文化环境中，个人无法接受好的教育，对自身的职业发展会产生不利影响；反之；在良好的社会文化环境中，个人能够接受良好的教育，因而能够为自身的职业发展打下良好的基础。每个人都有不同的价值观，生活在社会环境中，必然会受到社会价值观的影响，大多数人的价值取向都是被社会主流的价值取向所左右。一个人的思想发展、成熟的过程，就是认可、接受社会主流价值观的过程。社会价值观正是通过影响个人价值观而影响个人职业选择的。朋友、同龄群体的职业价值观、工作态度、行为特点等不可避免地会影响个人对职业的偏好，以及选择从事某一类职业的机会和变换职业的可能性等方面。

当一个人在思考、决策时，如果能够尽量多地从内、外两个方面进行理性分析和思考，就能有效地进行职业生涯决策，日后职业生涯成功的可能性就大。

三、大学生常见的职业生涯决策问题

不是每个人都能成功地做出职业生涯决策，其中会有一些阻碍因素不利于人们做出决定，使职业选择不顺利，或是造成职业生涯发展困境而长久无法突破。

这些阻碍因素主要包括以下几方面。

1. 意志薄弱

个人职业生涯决策受父母、他人影响的情形相当普遍，这会导致忽略真正适合自己的选择。或虽有少数人能立定志向，但因为不能持之以恒或失去毅力而放弃想要发展的方向。这时，应该去想一想：我的理想是什么？我的职业生涯目标是否投射了他人的期待？真正适合我发展的方向在哪里？哪些因素影响我做适当的决定？我应该坚持哪些部分，然后朝自己掌握的方向去努力。

2. 行动犹豫

许多人虽然有自己的想法与目标，但可能因为担心、害怕或缺乏信心等而迟迟无法展开实际行动。像这种只想、只计划，却没有实际行动的人，就属于“行动犹豫”者。

这时，若能先建立信心，或利用一些策略进行自我监督便可改善。

3. 信息探索不足

对目前社会或工作环境的信息较为缺乏，或不清楚获取信息的渠道，就属于“信息探索不足”者。这时，应强化信息的收集与了解，因为只有了解丰富的信息才能有效地进行职业生涯决策。

4. 特质表现不佳

对于个性积极且有主见者，在职业生涯发展上较容易为自己铺一条合适的路。但有些人个性过于被动且缺乏主见，抱持“船到桥头自然直”的态度，这些特质长久下来则不利于自己的职业生涯决策，就属于“特质表现不佳”者。

5. 方向选择未定

有些学生对自己未来发展的方向不明晰，导致无法明确地做出决策，也无法为将来做出预期努力，就属于“方向选择未定”者。这时，应多花时间去探索自己的兴趣、能力及所处社会状况等，找出自己的发展方向，这样才不会做错选择。

6. 专业选择不当

如果个人的专业领域能与自己未来的职业生涯相契合，则有助于进入专业领域的职业生涯发展中。然而，许多大学生因某些因素而进入非原先所期待的专业就读，就属于“专业选择不当”者。这时，应先给自己一些时间沉淀，再通过其他方法（如做兴趣测验、与师长讨论等）寻找适合自己的专业，可以考虑转专业或修读双学位等。

7. 学习状况不佳

在大学生涯中，学习是最重要的一件事。如果大学生对所处的学习环境不满意，或学习心态不正确，则可能无法有好的学习态度，而成为“学习状况不佳”者。这时，需要去查找这种现象背后的原因，在认知与行动上有所调整，这样才能自然地投入学习，从而做出更好的决策。

8. 学习困扰较高

有些学生会因为同学、老师互动状况不佳或异性交往等问题而无法全身心地投入学习。恶性循环的结果导致无法达到自己理想的成绩，就属于“学习困扰较高”者。这时，亟须回到根源去寻找困扰的问题或调整学习习惯，才不致错过适当的学习时机和决策时机。

我们每个人都可能因为一些阻碍因素的存在，而使自己的职业生涯停滞在不好的发展状态上。若能给自己一个机会去接触、觉察这些因素之所在，则会对自己的决策和未来发展带来莫大的帮助。我们可以问自己以下几个问题，去觉察这些阻碍因素。

1）在个人的学习成长过程中曾经或目前出现过哪些生涯阻碍因素？

2）哪些因素对目前所学的专业或从事的工作有负面影响？

3）这些因素存在了多久？

4）个人曾经想过要改变或克服这些阻碍因素吗？

5）如果这些阻碍因素一直保持下去，则未来的蓝图将会如何？

6）如果你改变了，周围人的看法、感觉又将会如何？他们可能会有哪些反应呢？

通过对职业生涯阻碍因素的探索，可以帮助我们了解自己职业生涯可能存在的阻碍因素，进一步针对自己的瓶颈与困境加以突破，从而正确决策，开创新局面。

第二节 职业生涯决策理论与方法

一、克朗伯兹职业生涯决策理论

美国心理学家克朗伯兹在其职业生涯决策的社会学习理论中指出，职业选择过程受4类因素的影响：①遗传天赋和特殊能力（如内在素质、身体障碍、音乐和艺术能力等）；②环境条件与事件（如劳动法规、技术进步、社会结构变化、家庭资源等）；③学习的经验（如各种工具性学习、行为和认知反应、观察学习等）；④完成任务的技能（如设定目标、工作习惯、情绪反应方式等）。

克朗伯兹提出的职业生涯决策理论包括以下7个步骤。

1）界定问题。描述必须要完成的决策，估计完成所需时间并设定确切的时间表。

2）拟订行动计划。描述决策所需采取的行动，并估计所需时间及完成的期限。

3）澄清价值。描述个人将采取的标准，以作为评价各种可能选择的依据。

4）描述可能做出的选择，以确认选择方案。

5）依据所定的选择标准、评分标准，逐一评价各种可能的选择，找出可能的结果。

6）比较各种可能选择符合价值标准的情况，从中选择最能符合决策者理想的决策。

7）描述将采取何种行动以达成选定的目标。

二、职业生涯决策方法

（一）职业生涯决策平衡单

职业生涯决策平衡单将重大事件的思考方向集中到4个主题上：自我物质方面的得失、他人物质方面的得失、自我精神方面的得失和他人精神方面的得失。也就是说，从“自我—他人”及“物质—精神”所构成的4个范围来考虑。图4-1为职业生涯决策平衡的主题。

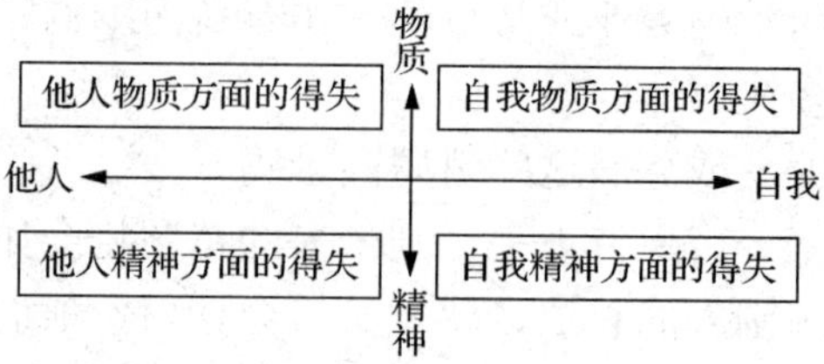

图 4-1　职业生涯决策平衡的主题

职业生涯决策平衡单如表 4-1 所示。

表 4-1　职业生涯决策平衡单

考虑项目（权重-5～+5）		选择一				选择二			
		得（+）		失（-）		得（+）		失（-）	
		原始分	加权分	原始分	加权分	原始分	加权分	原始分	加权分
个人物质方面的得失	1. 收入								
	2. 工作的难易程度								
	3. 升迁的机会								
	4. 工作环境的安全性								
	5. 休闲时间								
	6. 生活变化								
	7. 对健康的影响								
	8. 就业机会								
	9. 其他								
他人物质方面的得失	1. 家庭经济								
	2. 家庭地位								
	3. 与家人相处的时间								
	4. 其他								
个人精神方面的得失	1. 生活方式的改变								
	2. 成就感								
	3. 自我实现的程度								
	4. 兴趣的满足								
	5. 挑战性								
	6. 社会声望的提高								
	7. 其他								

续表

考虑项目（权重-5～+5）		选择一				选择二			
		得（+）		失（-）		得（+）		失（-）	
		原始分	加权分	原始分	加权分	原始分	加权分	原始分	加权分
他人精神方面的得失	1. 父母支持								
	2. 师长支持								
	3. 男（女）朋友支持								
	4. 其他								
合计									
得失差数									

职业生涯决策平衡单的使用方法如下。

1）在第一行列出你的职业生涯方向的方案。

2）在“考虑项目”一列中，根据个人关注的内容，填入在选择中需要考虑的因素。（以上表格所列项目仅为参考范例，个人可根据各自的实际情况进行罗列。）

3）将表中各项加权打分。

① 根据各方案具有的优势（得分）、缺点（失分）来考量，给出每个项目的得分或失分，计分范围为1～10分。

② 给每个“考虑项目”赋予权重：重要性因人、因时、因地而不同。对于此刻的你，可以根据考虑项目的重要性与迫切性，乘上权数，加权范围为-5～+5。

4）合计每个方案的优点总分和缺点总分，正负相加，算出得失差数。

（二）SWOT 分析法

SWOT 分析法又称为态势分析法，SWOT 英文字母分别表示优势（strength）、劣势（weakness）、机会（opportunity）、威胁（threat），是指将与研究对象密切相关的各种主要内部优势、内部劣势、外部机会和外部威胁，通过调查列举出来，并依照矩阵形式排列（表 4-2），然后用系统分析的思想，把各种因素相互匹配起来并加以分析，从中得出一系列相应的结论，而结论通常带有一定的决策性。

一般来说，求职者在进行 SWOT 分析时，应遵循以下 4 个步骤。

1）评估自己的长处和短处。每个人都有自己独特的技能、天赋和能力。请同学们做个表，列出自己喜欢做的事情和自己的长处所在（如果觉得界定自己的长处比较困难，可以找一些测试题进行测试。测试完之后，可以发现自己的长处所在）。同样，可以通过列表找出自己不喜欢做的事情和自身的弱点。找出自己的短处与发现自己的长处同等重要，因为可以基于自己的长处和短处做两种选择：①努力去改正自己常犯的错误，提高自身技能；②放弃那些对自己不擅长技能要求很高的职业。列出自己所具备的重要强项和对自己职业选择产生影响的弱项，然后再标出那些对自己很重要的强项和弱项。

表 4-2 SWOT 分析法

	优势（strength）	劣势（weakness）
内部因素分析	1. 2. 3. 利用优势和机会的组合	1. 2. 3. 消除劣势和威胁的组合
	机会（opportunity）	威胁（threat）
外部因素分析	1. 2. 3. 改进劣势和机会的组合	1. 2. 3. 利用优势和监视威胁的组合

2）找出自己的职业机会和威胁。不同的行业（包括这些行业里不同的公司）都面临不同的外部机会和外部威胁，找出这些外界因素对于大学生成功地找到一份适合自己的工作是非常重要的，因为这些机会和威胁会影响大学生的第一份工作和今后的职业发展。如果公司处于一个常受外界不利因素影响的行业里，则这个公司能提供的职业机会是很少的；相反，如果公司处于一个有许多积极外界因素的行业里，则这个公司能为求职者提供广阔的职业前景。

3）提纲式地列出今后 5 年自己的职业目标。请仔细对自己做一个 SWOT 分析评估，列出自己从学校毕业后 5 年内最想实现的 4～5 个职业目标。这些目标可以包括：你想从事哪种职业，你将管理多少人，你希望自己拿到的薪水属于哪个级别，等等。

4）提纲式地列出今后 5 年自己的职业行动计划。请拟出一份实现上述第 3）步列出的每一目标的行动计划，并详细说明为了实现每一目标需要做的每一件事，以及何时完成这些事。如果觉得自己需要一些外界帮助，请说明需要何种帮助和如何获得这些帮助。例如，个人 SWOT 分析可能表明，为了实现自己理想中的职业目标，需要进修更多的管理课程，那么在职业行动计划中应说明自己何时进修这些课程。

第三节 有效决策的过程与方法

一、做出决策并制订个人行动计划

在人的一生中会做出许多决策。在进行职业生涯决策时不应是盲目的，而是可以遵循一定的过程和方法。

1）确定志向。志向是事业成功的基本前提，没有志向，事业的成功也就无从谈起。志向反映了一个人的理想和信念，影响着一个人一生的奋斗目标，只有确定了志向，才能明确自己所要从事的职业。

2）确定所要做的决定。在确定了志向后，就要做出具体的决定。因此，在选择目标时要具体，不能含糊不清。

3）自我评价。自我评价的目的是为了更好地认识自己，只有认识自己，才能对自己的职业做出正确的选择。

4）收集职场资料。每个人都处在一定的环境之中，只有明晰环境对自己提出的要求及环境对自己有利的条件与不利条件等，才能做到在复杂的环境中趋利避害。同时，要了解想要工作的某个领域的历史、现状和未来，才能做好充分的心理准备。

5）列出可行的方案。我们在收集相关资料之后，如果不进行整理分析，则收集资料就毫无意义。收集资料的目的：一方面有利于我们做出对资料的判断；另一方面是针对所要决策的事项提出可行的方案，以便做出决定。可行的方案列得越多、越周详，则做出正确决定的概率就越大。

6）采取行动。在确定了方案之后，行动就成了关键环节。没有行动，目标就难以实现，也就谈不上事业的成功。这里所指的行动，是指落实目标的具体措施，主要包括工作、训练、教育等方面的措施。例如，为了达到目标，在工作方面，你计划采取什么措施来提高你的工作效率？在业务素质方面，你计划学习哪些知识，掌握哪些技能来提高你的业务能力？在潜能开发方面，你计划采取什么措施来开发你的潜能？这些都要有具体的计划与明确的措施，并要求这些计划特别具体，以便于定时检查。

7）评估与回馈。俗话说："计划赶不上变化。"由于社会环境、自身条件的变化及其他不确定因素的存在，将会影响自己的职业生涯规划。影响职业生涯规划的因素有很多，有的变化因素是可以预测的，而有的变化因素则难以预测。因此，为了使自己的职业生涯决策行之有效，就需要不断地对职业生涯决策进行评估与修订，并做出新的调整，以便更好地符合规划本身和社会发展的需要。如果与预期的结果有差异，则必须及时检讨是否应该重新做一次决策。在重新做决策时，可以收集更多的数据，列出更多的可行方案。这是一个循环过程，并非一成不变。总的来说，职业决策的评估与反馈是个人对自身不断认识的过程，也是对社会不断认识的过程。经过评估之后，必须适时地修订职业决策，主要包括职业的重新选择、职业生涯路线的选择、人生目标的修正、成功标准的调整、实施措施与计划的变更等。

二、识别决策中的消极思维，构建积极的自我对话

决策中的消极思维可以导致以下情况的发生：在求职受挫时泄气；害怕被拒绝；找不到求职所需的信息；对工作目标和机会的优缺点感到困惑；拖延个人求职活动等。

在某种程度上，我们都需要对未来有所预测。我们对生活中面临的威胁、机遇及前进道路上的障碍要有所把握，以便决定是否为之付出努力。为目标付出多少努力，在很大程度上取决于我们对未来所持的乐观或者悲观的态度。

当成功的概率微乎其微时，我们投入大量精力是有百害而无一利的。然而，当我们陷入消极思维时，我们常做出“做什么都没有用”的结论，并一再暗示我们“艰难”。消极思维告诉我们：“投入的努力再大，也得不到回报，还是收手等待好的时机吧。”因此，要摆脱消极思维，既要培养耐心，又要养成积极的思考习惯。认为做什么都徒劳无益，或认为事情太难，谁也帮不上忙，会使我们放弃努力而变得更加消极。因此，积极思维对决策主体的决策过程可以起增力作用，表现在对决策目标的抉择、对决策思维能力的提升、对决策过程的沟通、对决策创新能力的影响上。因此，决策主体应克服消极思维，发挥积极思维在决策过程中的积极影响。

三、确定职业目标的 SMART 模式与行动计划

（一）确定职业目标的 SMART 模式

1）具体的（specific）。这是指目标必须是清晰的，可产生行为导向的。例如，“我要成为一个优秀的人”不是一个具体的目标；但“我要完成本月 1000 万的销售量”就是一个具体的目标。

2）可衡量的（measurable）。这是指目标必须可用指标量化。例如，“我要完成本月 1000 万的销售量”就是一个可衡量的目标。

3）可达到的（attainable）。这里“可达到的”有两层含义：①目标应该在能力范围内；②目标应该有一定难度，目标经常达不到会让人沮丧，但太容易达到也会让人失去斗志。

4）相关的（relevant）。这里“相关的”是指与现实生活相关，而不是简单的想法。

5）基于时间的（time-based）。它是指目标必须确定完成的日期。

（二）职业目标设定和行动计划

职业目标对整个职业生涯决策过程起着定向作用。职业目标是决策者的职业期望，是决策者对某项职业的追求和向往，是自身的兴趣、能力、价值观与社会需求不断协调的结果。

职业目标可以分为终极目标、长期目标、中期目标和短期目标，当我们把长期目标分解为一个个短期目标时，就有了具体的行动计划和步骤，这样做有助于个人对自己的职业生涯发展进行管理。

例如，如果你现在刚上大二，学的是中文，希望 5 年后成为一名大公司的人力资源管理专业人士，那么将这个目标分解，4 年后一定要与一家大公司签约，两年后大学毕业时应当获得一家公司人力资源部的初级职位，一年后应当争取进入一家公司的人力资源部工作。这样，半年后就应当开始投简历，寻找实习机会。因此，这个学期，你应当写好自己的简历，列出有可能向你提供相关信息的人际资源，并阅读一些与人力资源管理有关的书籍。

训练活动

活动一　选择的机会成本

迈克尔，一名才华出众的大四学生，正准备从两份工作中选一份。工作 A，起薪不错，有相当好的社会保险福利和友好宽松的工作环境，晋升机会一般；工作 B，起薪一般，社会保险福利一般，并且工作环境非常正式且等级森严，但有非常好的晋升机会。

正当迈克尔在工作 A 和工作 B 之间举棋不定时，又冒出了工作 C。工作 C 在一个魅力十足的城市。在得到这个工作机会之前，他从来没有考虑工作地点问题，但现在他觉得可以考虑一下。工作 A 和工作 B 所在的城市与工作 C 所在的城市相比，哪个更吸引人呢？工作 C 在薪水、社会保险福利上是不是能和工作 A 和工作 B 相媲美呢？

随后，事情变得更为复杂了。迈克尔又得到了一个工作 D，工作地点离家和朋友们所在的城市很近。这一点迈克尔之前也没有考虑过。然而，这对他又有多重要呢？迈克尔的女朋友在工作 A 所在的城市找到了工作，此时他又应该把女朋友放在第几位呢？这段恋爱关系对他有多重要呢？

迈克尔在做决定前要问自己好几道难题：愿不愿意放弃高薪换取晋升机会？愿不愿意牺牲更好的工作去一个更有魅力的城市？愿不愿意放弃这两个优厚条件来换取与家人团聚？愿不愿意不顾一切地和女朋友在一起？

选择多的坏处就是列表中每增加一个新选项，需要取舍的因素会对人产生负面的心理效果。不得不做选择这件事本身会影响我们的感知，决定越重要，这种取舍对最终结果的满意度的影响就越大。

如果你是迈克尔，你会如何选择？

活动二　反思你的职业生涯决策

通过回答以下 6 个问题，反思你的职业生涯决策的质量如何。

1）你是否使用了一系列的职业生涯决策方法来找出多种可能的职业选择？

2）你是否已经仔细探索并研究了你的最终职业选择，包括它们所体现出的价值观及所要求的技能？

3）你是否对你选择的职业目标前景的正面影响和负面后果都进行了仔细衡量？

4）你是否广泛收集了最新的信息来进一步评价和衡量自己的职业选择？

5）在进行职业选择时，你是否实事求是地将他人（教师、家长、专家等）的意见做了综合分析，特别是那些反对或不支持的意见和信息？

6）你是否已经做出详细的计划来实现自己的首要职业选择？是否还有当第一选择风险太大或不可实现时，有第二选择来代替它？

活动三　360 度评估你的职业生涯决策

请详细描述你最终的职业生涯决策并写在下面：

1）

2）

3）

你的老师对你的决策的看法与建议有哪些？

你的同学对你的决策的看法与建议有哪些？

你的家人对你的决策的看法与建议有哪些？

你的职场朋友对你的决策的看法与建议有哪些？

当完成以上访谈之后，再综合反思一下，你的职业生涯决策是否有变化。

第五章 职业社会资源梳理及能力需求探索

案例导读

一步一个脚印

小沈是毕业于某大学电子信息工程专业的本科生，现就职于某市铁路局。

刚踏入大学校园时，小沈给人的印象是非常普通，性格内向、不善言辞。尽管内心对于自己的未来和生活有诸多的理想和规划，但离开了父母，从未独立生活过的小沈一下子迷茫了，他开始怀疑自己的能力，怀疑自己是否能够实现曾经的理想和愿望。看着周围同学每日都在为充实自己而忙碌，他开始意识到要在这个卧虎藏龙的校园中进步，就必须脚踏实地、勤勤恳恳，就必须抛下自己的疑惑，重新规划自己的学业目标，战胜自己的恐惧。

小沈明白自己最大的弱点就是性格内向，但要想改变也并非一朝一夕之事。他开始积极参加学校中的各类课外活动，如义工队、志愿者服务等，只要能够挑战自己的项目他都踊跃参加，从未停下突破自我的脚步。渐渐地，在班级和社团的活动中，小沈开始鼓起勇气向大家阐述自己的想法和观点。

时光匆匆，转眼步入大学二年级，小沈加入了学校就业指导中心助理团队。这对于小沈来说是一个全新的平台。以往的他从未正面和企业进行过交流，助理的工作刚开始让他感到陌生和力不从心。尽管通过努力他已经一改从前不善言辞的缺点，但很多办公室的工作需要他从头学起。不管是最基础的助理工作（如核对文档），还是接电话为咨询企业解答疑惑，他都一一认真对待。在这里，他认识了新的伙伴，每日的朝夕相处也让他学到了很多自身不具备的本领，加之他做事认真细心，稍加锻炼，就越发有条理性。在老师的悉心培养下，小沈处理办公室事务日益得心应手，不但与助理们打成一片，而且让老师们刮目相看。

经过四年大学生涯的历练和努力，小沈对自己的未来充满自信，就算是面临毕业季，他也在自己规划的道路上一步一个脚印地行进着。最终，他通过自己扎实的专业技能和自信从容的人生态度，被前来招聘的某市铁路局相中，在三次面试中都得到招聘单位和老师的认可和好评。

现在的小沈每当回顾往昔，都不禁感叹时光飞逝，他感谢在这条路上一直陪伴在他身旁的老师和同学，更感谢母校对他的教育和栽培，让他的大学生活成为他记忆中最美好的时光。

（资料来源：张福建，2013. 大学生就业指导[M]. 北京：现代教育出版社，略有改动。）

第一节　专业对口的职业及就业形势

一、专业对口的大学生职业现状

专业对口是指个体所从事的工作对各类知识、技能的实际需求与自己在学校所学的专业知识、技能相匹配。简单地说，专业对口就是自己所从事的工作与自己所学的专业有较大的相关性。例如，医学、教育学等专业，工作与专业相关度较高，农学、旅游大类、轻纺食品大类等专业，工作与专业相关度较低。

工作与专业不相关的原因主要有以下 6 个方面：①与专业对口的工作不符合自己的职业期待；②与专业无关的工作工资更高；③与专业对口的工作环境不好；④与专业对口的工作招聘岗位少；⑤迫于现实，先就业后择业；⑥达不到与专业对口的工作的要求。在这些因素中，前面 3 个（因个人职业期待、薪资、工作环境方面的考虑而选择）是毕业生主动选择，后面 3 个（因岗位少、迫于现实、能力不足而选择）是被动选择。毕业生选择工作与专业不相关，是由毕业生个人期待与社会职业环境共同决定的。

二、相关学科专业对口行业的就业形势

下面简单介绍一下医学类专业，工学类专业，教育学类专业，管理学类、文学类、经济学类和法学类专业，理学类、农学类和历史学类专业，艺术类、体育类专业对口行业的就业形势。

1）医学类专业。当前，我国基础医疗总体上还比较薄弱，远远不能满足国内医疗的需求。但是，医学类专业的毕业生对口行业的就业形势依然严峻，最突出的特点有：①用人单位过度关注毕业生学历和工作经验，许多应届毕业生被拒之门外；②毕业生总量日趋上升与新增岗位的矛盾，使得用人层次需求拉高。

2）工学类专业。工学类专业所涉及的学科专业纷繁复杂，几乎涵盖了三大产业的方方面面。工学类专业的毕业生不仅可以成为企业未来的管理者，也可以成为行业的技术骨干。从近年来的就业率来看，工学类专业一直是社会所接受和欢迎的专业类型。加

上供给侧结构改革的逐步深入、产业结构的升级对工学类人才的需求稳步提高。各种经济形式的企业都急需具有较高学历层次和综合素质、具有较强动手实践能力的高校毕业生。

3）教育学类专业。教育学类专业的人才培养是国家教育事业发展的核心。在人才培养与就业问题上，教育发达地区，人才竞争激烈，就业形势严峻；教育欠发达地区，人才需求比较大。

4）管理学类、文学类、经济学类和法学类专业。从社会需求来看，需求量总体保持稳定，但整体市场需求层次降低。其中，专业对口的大中型企业和传统事业单位，需求量减少。在深化改革的进程中，城乡一体化建设大大增加了乡镇企业法务、高层次社会工作者、基层管理人员的需求，为这些专业的毕业生实现专业对口就业展现了利好形势。

5）理学类、农学类和历史学类专业。从各学科在理论与应用两个层面进行探讨，侧重于理论层次的专业，如数学、化学、物理学等，就业难度较大，社会需求较少，除了教学与科研领域外，在其他领域不易找到与专业对口的工作。然而，侧重于应用型的专业，就业形势相对乐观一些。

6）艺术类、体育类专业。当前，特殊类型的高等教育已成为大众教育的一部分，以往那些传统对口行业基本趋于饱和，艺术类、体育类专业的毕业生供大于求，用人市场难以消化，多个热门专业均出现过就业红牌。

综观各学科门类的对口就业形势，不难发现：社会对人才的需求呈现多元化，就业市场越来越开放，对专业对口的需求也逐步放开了限制，特别是一些中小微企业、基层就业岗位等。在当前严峻的就业形势下，到基层就业、到祖国需要的地方就业，既是实现就业的机会，又是学以致用、实现自我价值的机会。

第二节　行业数据库

一、就业信息

当今是信息化社会，一个人要想获得成功，必须要掌握大量的相关信息，并进行合理的整理和使用。谁拥有了有效快捷的信息，谁就拥有了制胜权。大学生就业也是如此，要想在求职时顺利成功，就要在求职前做好充分准备，尤其是要做好求职信息的收集与整理工作，往往能够起到事半功倍的效果。就业信息对于毕业生来说至关重要。择业决策的过程实质上就是一个与择业有关的信息收集、处理和转换的过程。在择业过程中，无论是职业目标的确定、求职计划的设计，还是决策方案的选择，都是以信息的收集和处理为基础的。

（一）就业信息及种类

就业信息是指通过各种媒介传递的有关就业方面的消息和情况，如就业政策、供需双方情况及用人信息等，是毕业生择业所必须收集和掌握的资料。

就业信息的种类有两种：宏观信息和微观信息。

宏观信息是指国家的政治经济情况，国家或地区的社会经济方针政策规定，国家对毕业生就业政策与劳动人事制度改革的信息，社会各部门需求情况及未来产业、职业发展趋势所获得的信息。掌握这些信息，可以宏观地把握就业方向。大学生在校期间，关心国家政策的重大改革对于确立宏观的择业方向有着重大意义。

微观信息是指某些具体的就业信息。例如，用人单位的需求情况、发展前景、需求专业、工作条件、工资待遇等，这些信息是大学生就业必须收集的具体资料。

（二）收集就业信息

1. 通过高校毕业生就业指导中心获取信息

高校每年都向社会输送大量大学毕业生，高校的毕业生就业指导中心与社会各有关单位保持着广泛而密切的联系，并在与用人单位的长期合作中建立了稳定的关系，掌握了大量的人才需求动态信息，且信息针对性强、可信度高。因此，是毕业生获取就业信息的主要渠道和重要信息源。

2. 通过各级毕业生就业主管部门和人才服务机构获取信息

各级毕业生就业主管部门和人才服务机构是沟通用人单位和大学毕业生的桥梁和纽带，是为毕业生提供就业服务的专业机构。毕业生可以通过他们组织的定期或不定期的人才交流会、大学毕业生供需见面会等活动获取就业需求信息。因此，这也是获取就业信息的重要渠道。

3. 通过大众传播媒介获取信息

有些用人单位常常通过报纸、期刊、广播、电视等大众传播媒介介绍本单位的现状、发展前景，公布人才需求信息。但需要注意的是，这种渠道的信息传播面广、竞争性强、时效性强，且内容不够具体，如果选用还应作进一步的了解。

4. 通过网络获取信息

通过网络获取信息是目前最热门、最快捷的获取就业信息的有效渠道。通过网络上的人力资源网站，可以随时查询数以万计的有效信息。所有的工作类别和需求都可以在网络上搜寻，同时可以直接把个人简历用电子邮件的方式发送给对方。同时，求职者也可以通过网络了解用人单位的背景资料、营运状况等，甚至可以通过网络进行视频应聘。但需要注意的是，由于网络信息具有不可过滤性，需要我们在使用网络信息时进行甄别，以免落入就业陷阱。

5. 通过家庭和各种社会关系获取信息

从学校老师、历届的学长、父母、亲友及他们的社会关系中也可以获取就业信息。

这种方式获取的信息针对性更强，通常具有毕业生所希望从事的行业或区域的定向性，对用人单位的了解也更具体，易于双向沟通，因而就业成功率较高。

6. 通过各种社会实践或实习获取信息

在假期实习、毕业实习和参加社会活动等实践活动中，也可以对相关单位的人才需求情况进行了解，获取所需要的就业信息。

（三）了解具体职位

当你寻找工作机会时，对一个具体职位至少应有以下方面的了解。

1）雇主和公司的发展历史和潜力。

2）公司的产品和服务是什么？

3）工作地点在哪里？

4）与行业发展趋势相比，公司过去几年的销售额如何？

5）公司的主要竞争者有哪些？

6）公司的管理风格、组织文化如何？

7）公司的员工数量。

8）公司的组织结构、工作氛围如何？

9）公司的下属参与决策活动的程度与数量。

10）公司的培训和员工发展计划。

11）该职位典型的职业发展路径。

12）公司的升职政策。

13）知识或者技术的使用情况。

二、招聘简章分析方法

招聘简章一般由以下几部分构成：公司概要信息、职位描述、任职资格、公司简介、其他事项等。

招 聘 启 示

公司概要信息

招聘企业：某食品有限责任公司

公司行业：食品生产加工/销售/科研/服务

公司类型：国企

公司规模：1000～1500 人

招聘职位：市场部的市场专员

发布日期：2018 年 3 月 5 日

招聘人数：3 人

工作性质：全职

薪水待遇：面议

工作年限：1 年以上

最低学历：本科

职位描述：协助市场部完成产品策划、品牌推广等工作，完成市场部下达的业务开展指标，维护客户关系。

任职资格：

1）市场营销专业大学本科以上学历。

2）具有市场策划、品牌推广或产品管理、市场管理等 1 年以上工作经验。

3）熟悉商超业务市场。

4）熟悉数据统计分析者优先。

5）要求应聘人员具有团队精神，能够承受工作压力，具有发展潜质。

公司简介：我公司是集科研、生产及销售于一体的大型食品科技企业，是北京市科委、北京市科学技术研究院的下属重点企业，为某技术发展总公司和某实业总公司两家国有企业所控股，公司凭借雄厚的资金和较高的技术管理水平，在食品饮料及豆制品开发和市场销售等方面取得了良好成绩。

公司的厂房面积 16000 多平方米，共有车间三大间，有两个自有品牌，在果汁和豆制品领域分别占有一席之地，产品分布在北京 1300 余家零售店、超市等，半数以上为大型连锁超市及综合商厦。

其他事项

有意者请将简历、相关证书复印件及近照 1 张寄往：

某地某公司人力资源部（收）　　　邮编：1000××

电话：010-××××××××

E-mail: ××××123@126.com

（一）从概要信息中看公司

从行业类别和公司规模来看，该公司属于中型企业，是集科研、生产、销售于一体的企业。从招聘职位和信息发布日期来看，企业目前需要开拓市场的市场专员，急需扩大市场份额。从学历及工作年限来看，企业对员工资历要求不是很高，给刚毕业的大学生提供了好机会。从工作性质来看，要求全职，这就排除了一部分想做兼职的应聘者，也是企业为保障良好市场运作和管理的方式之一。从薪水待遇来看，由于市场专员与市场占有率直接挂钩，大部分企业在这方面比较灵活，提供了有竞争力的薪酬。从企业性质来看，国企是比较稳定的，企业的福利制度也比较完善，这也是吸引求职人员加入的原因。

（二）从职位描述中看工作

从职位描述中可以看出，今后在从事的工作岗位上都要做哪些具体工作，本则招聘信息中，主要是协助市场部领导完成市场方面的推广工作，它不仅涉及企业产品的营销策划、产品拓展，还涉及客户维护方面，这个职位可以充分锻炼和发展自己。对于员工来说，发展空间还是很大，为市场营销方面的专业人才提供了一个全面发展自己的机会。

（三）从任职资格中看要求

第 1）条是对学历和专业的要求，这是企业招聘员工最基本的条件。第 2）条是对应聘者工作经验的要求。第 3）和第 4）条分别列出了企业所需的市场专员与公司的市场专员所需具备的特殊经验或技能，这有利于企业选拔优秀人才适应相应的岗位工作。同时，也便于有相关技能和工作经验的人能够根据自己的特长寻找适合的岗位。可以说，任职资格是企业招聘中最关键的信息，也是求职者胜任企业工作和岗位的关键点，这就需要求职者在个人简历中和面试时重点突出自己的优势，以求得用人单位的青睐。第 5）条说明了企业要求应聘者应具备团队合作精神和发展潜质，这是每一个职场人士都应该具备的良好品质。

（四）从公司简介中看企业行业地位

从公司简介中，可以了解企业在行业中有一定地位，产品深得消费者喜爱，属快速消费品行业。同时，也帮助应聘人员更好地了解企业运作、任职资格和岗位需求。在公司简介中，突出了企业的国企控股特点，为应聘人员提供了心理上的保障。但同时，国企的管理方式、机构设置、人员安排等特有的管理方法，也要求求职者有心理准备。

（五）从其他事项中看技巧

从其他事项中可以看出，企业为求职者提供了一个很好的投送求职信息的渠道，除了传统的邮寄之外，还有电子邮件的方式，求职者可以根据自己的需要进行选择。目前，许多企业要求毕业生投递简历时最好采用发送电子邮件的方式。

三、行业概况与行业选择

我国有这样一句谚语：“三百六十行，行行出状元。”那么，到底有哪些行业？如何去认识这些行业？如何去选择适合自己的行业呢？

（一）什么是行业及行业分类

行业是指从事相同性质的经济活动的所有单位的集合。根据中华人民共和国国家质量监督检验检疫总局和中国国家标准化管理委员会联合发布的《国民经济行业分类》（GB/T 4754—2017），全国范围内的行业分为农、林、牧、渔业，采矿业，制造业，电力、热力、燃气及水生产和供应业，建筑业，批发和零售业，交通运输、仓储和邮政业，住宿和餐饮业，信息传输、软件和信息技术服务业，金融业，房地产业，租赁和商务服务业，科学研究和技术服务业，水利、环境和公共设施管理业，居民服务、修理和其他服务业，教育，卫生和社会工作，文化、体育和娱乐业，公共管理、社会保障和社会组织，国际组织20类。

（二）行业特点及就业行业选择的基本方法

行业具有明显的周期性特征。我们根据行业发展的时间与社会产出，对行业进行周期性描述，有初创期行业、发展期行业、成熟期行业、衰退期行业4个发展周期。

1）初创期行业。由于初创期行业的创立投资、产品研究、开发费用较高，而产品市场需求较小（因为大众对其尚缺乏了解），因而销售收入较低。初创期行业由于刚刚诞生或初建不久，只有为数不多的创业公司投资于这个新行业。

2）发展期行业。新行业的产品经过广泛宣传和消费者试用，逐渐以其自身特点赢得大众的欢迎或偏好，市场需求开始上升，新行业也随之繁荣起来，这一时期企业的利润虽然增长很快，但所面临的竞争风险也非常大，破产率与被兼并率相当高。

3）成熟期行业。在竞争中生存下来的少数大厂商垄断了整个行业市场，每个厂商都占有一定比例的市场份额，行业增长速度降到一个更加适度的水平。

4）衰退期行业。在衰退期，厂商的数目逐步减少，市场逐渐萎缩，利润率停滞或不断下降。当正常利润无法维持或现有投资折旧完毕后，整个行业就逐渐开始解体。

就业行业选择因人而异、因个人需求而定。在进行就业行业选择时，我们常用如下方法。

方法一：同等条件下优先选择与自己所学专业对口的行业。选择与自己所学专业对口的行业，不仅在求职时具有较大优势，而且在工作中会更加得心应手。如果恰巧又是自己喜欢的工作，符合自己的职业兴趣，那就是如鱼得水了。

方法二：选择持续性增长的行业。持续性增长的行业有一个重要指标就是平均工资的涨幅趋势。一般情况下，公司员工的薪水会每隔一段时间进行上调。工资水平稳步上升的公司，从某种程度上意味着公司处于发展比较好的阶段。

方法三：慎重选择对你来说不熟悉的行业。俗话说："隔行如隔山"，如果选择你不熟悉的行业，在专业知识和技能、行业环境等方面都需要去重新学习，这样会增加你的工作压力和负担，除非是特别有资源、特别感兴趣的行业。

第三节 就业力发现与招聘需求分析

一、就业力

就业力（employability），国内有些学者称之为“就业能力”或“可雇佣性”。国际劳工大会将就业力定义为：个体获得和保持工作，在工作中进步，以及应对工作生活中出现变化的能力。李·哈维进一步将就业力定义为：一种展现某种特质的倾向，而这种特质被雇主认为在提升其组织未来的效能方面是必需的。一般而言，就业力包含许多方面的能力，如个人形象、态度、习惯与行为，沟通、问题解决与决策技巧，管理与组织过程，等等。

具体来讲，可以从以下 3 个方面去理解就业力。

1）专业知识技能。这种技能就是学习和掌握的理论知识，通过在校教育或行业培训获得，可以用名词去描述，如计算机水平、英语能力等。

2）可迁移技能。这种技能通过实践获得，能够从一份工作中转移运用到另一份工作中，可以用来完成许多类型工作的技能。目前，被公认的 4 种主要可迁移技能为：①交流和表达技能（口头、书面和图解）；②团队工作和人际能力；③组织管理和计划能力；④思维能力和创造能力。

3）自我管理技能。这种技能就是你具备的品质或特点，通过成功人物或榜样的学习去习得，相对于其他范畴的能力，自我管理技能是隐性的能力，可以用形容词或者副词去描述，如自信的、自立的、有责任心的、诚信的、主动的、勤奋刻苦的等。

总的来说，这 3 个方面的能力是核心就业力的要件。其中，自我管理技能是人生职业发展的推进器和压舱石；专业知识技能是决定职业发展甚至未来人生高度的一柄利剑；可迁移技能帮助实现人生的目标和价值。

二、雇主视角下的就业力

在雇主眼里，员工要有将工作任务做好所具备的知识与专业技能，以及较强的综合能力、完善的人格特征和良好的动机与价值观。反映在内驱力上，应该有较强的成就动机，并能在工作中展现出积极主动的态度。反映在思维上，应该有较强的分析能力，愿意学习新事物，能够适应外部环境的变化和压力。反映在人际交往上，应该积极主动地沟通，善于表达，有策略地去赢得他人的认同，能够与他人合作完成任务，也能够在团队利益面前有适当的妥协。反映在决策执行力上，应该对工作认真负责，能够区分出任务的轻重缓急，并安排得井井有条，考虑问题要细致周全，能够高效地推进和执行。

对于不同的工作岗位，其要求也不相同。在技术岗位上，要求员工具有目标意识，有计划、独立地完成工作；在管理岗位上，要求员工具有权力和成就动机，具有果断决策的能力；在销售岗位上，要求员工具有亲和力、主动性，有快速与客户建立关系的能力；在行政岗位上，要求员工具有亲和力、责任心，能够严谨规范地完成既定工作任务。

三、雇主招聘时对就业力的需求

雇主一般会通过招聘简章来表达用人需求，对应聘者来说，只有明晰招聘简章的要求，才能获得雇主的通过和聘用。因此，我们要学会深入分析招聘简章所涵盖的信息。

读懂招聘简章的四步法：第一步，逐行分析。招聘简章往往都很简短、精练，信息覆盖面也较广，所以要逐行逐句地分析，不能漏掉任何信息。第二步，结果导向。要理解岗位职责和能力要求，如某公司招聘售后技术支持工程师，雇主要求应聘者所学专业为计算机、软件等相关专业，这就明确了对招聘对象的专业知识能力的要求。这个岗位的工作职责是“为客户提供专业的存储、语音技术支持服务和技术培训”，就是说这个工作的对象既是人，又是物。这既是对应聘者计算机专业知识技能的要求，也是对应聘者沟通能力、表达能力等可迁移技能的要求。第三步，还原任务。将岗位需求能力进行细分，并且还原到工作实际中，也就是说在这个工作岗位上如何去发挥能力。例如，人际关系经营能力，需要知道如何有效地维护客户资源，并为客户提供专业的咨询服务。第四步，区分重点。将岗位需求能力按重要程度进行排序，其中排序靠前的能力就是雇主选人用人所看重的能力。

训练活动

活动一　尝试分析一则招聘广告

北京某培训学校招聘项目专员信息如下。

招聘人数：5 人

工作地点：北京

发布时间：2019 年 11 月

工作职责：

1）负责项目相关课程的班型设置、优化及改进。

2）协助进行项目人员的招聘、培训及员工关系维护等相关事宜。

3）负责相关项目教研、教材研发及标准化工作。

4）其他与部门项目相关的事宜。

职位要求:

1）经济类、管理类、英语类相关专业本科以上学历。

2）良好的营销意识、沟通能力、协调能力、设班能力、研发培训能力。

3）深入了解相关项目考试及培训课程，熟悉客户群体需求。

4）认同公司文化，积极进取，踏实好学，具有良好的执行力。

联系方式:

公司名称：某教育（科技）集团。

公司地址：北京市海淀区中关村大街某大厦9层。

传真：010-××××××××。

公司主页：http://www.×××.com。

1）在分析上述招聘广告前，你对招聘单位的企业文化、价值观、愿景有哪些了解？

______

2）对照招聘广告中的工作职责，你觉得是否能够胜任？

______

3）对照招聘广告中的职位要求，你觉得自己是否符合要求？

______

4）应聘该岗位，为了确保胜出，还需要收集的信息有：

______

5）结合招聘广告，确定自己的竞争优势有：

______

6）如何提高简历的命中率，让自己在众多竞争者中胜出？

______

7）为了进一步了解岗位的具体信息，可以打电话咨询该公司负责招聘的人力资源主管，你准备咨询哪些问题？

______

活动二　澄清学业方向与目标

请写下你对自己未来学业的整体设计，或者你的学业理想与目标。

注意：不必考虑这些理想与目标该用什么方式去实现，不要做任何限制，内容可以是未来的工作、家庭、交友、健康、生活等，涵盖面越广越好。

现在，审视一下你写的上述理想与目标，思考预期达成的时限：6 个月、1 年、2 年、5 年等。如果目标多为近程的，那就把眼光放得远些，找出潜在的有可能实现的目标；如果目标多为远程的，那就需要建立阶段性目标。

1）选出在这一年中对你最重要的 4 个目标，从所列的目标中选出自己最愿意投入的 4 件事，并把它们记录下来。

2）简明、扼要地写下实现理想与目标的理由。

3）核对你所列的 4 个目标，你对这些目标是否有肯定的期望？如果达成这些目标，带来的结果是否对自己及社会有利？

4）请写下，如果你要实现这些目标，应该具备什么样的条件或资源，包括人脉、资金、专业背景、知识能力等，并指出你已经具备或拥有哪些条件或资源。

5）针对你的 4 个重要目标，问问自己，第一步应该如何做？要实现目标，需要哪些必要的步骤？目前有什么因素妨碍目标的推进？你该如何改变自己？

活动三　行业调查

从以下角度进行行业信息收集，并做整理分析，填写表 5-1。

1）工作时间。

2）工作内容与职责。

3）工作环境和地点。

4）平均工资。

5）发展空间。

6）如何成为从业者：专业方向、人格特质、知识储备。

7）从事该行业的利弊。

8）职业前景：岗位需求、人才供给。

9）被访谈者的个人情况（从事该行业的年限、是否喜欢该行业、为什么选择这个行业、对这个行业的看法等）。

表 5-1　行业调查记录表

<table>
<tr><td>工作时间</td><td colspan="4"></td></tr>
<tr><td>工作内容与职责</td><td colspan="4"></td></tr>
<tr><td>工作环境和地点</td><td colspan="4"></td></tr>
<tr><td>平均工资</td><td colspan="4"></td></tr>
<tr><td>发展空间</td><td colspan="4"></td></tr>
<tr><td rowspan="3">如何成为从业者</td><td>专业方向</td><td colspan="3"></td></tr>
<tr><td>人格特质</td><td colspan="3"></td></tr>
<tr><td>知识储备</td><td colspan="3"></td></tr>
<tr><td>从事该行业的利弊</td><td colspan="4"></td></tr>
<tr><td rowspan="2">职业前景</td><td>岗位需求</td><td colspan="3"></td></tr>
<tr><td>人才供给</td><td colspan="3"></td></tr>
<tr><td rowspan="3">被访谈者的个人情况</td><td>从事该行业的年限</td><td></td><td>是否喜欢</td><td></td></tr>
<tr><td>为什么选择这个行业</td><td colspan="3"></td></tr>
<tr><td>对这个行业的看法</td><td colspan="3"></td></tr>
</table>

活动四　拟订求职计划

目标：分析求职要素和个人就业条件，制订个人求职计划。

内容：

1）讨论求职必备的条件。

2）分析个人求职条件。

3）制订个人求职计划。

要求：根据训练内容，结合训练要点，采用自我分析与撰写个人求职计划相结合的方式进行，分为以下 3 个步骤。

步骤一：讨论求职必备条件

1）分组。每组 5～8 人，选出一位小组记录员，记录小组发言情况。

2）小组讨论。针对成功就业条件分析表（表5-2）规定的内容，小组讨论需要哪些必备条件。

3）代表发言。小组代表上台，板书小组讨论结果，并作简短解释性发言。

表 5-2 成功就业条件分析表

序号	必备条件	要素	规则	举例
1	目标定位和策略	目标定位	要有明确的初、中、高目标层次	选择的是初级目标
			至少要在岗位或专业要求、薪酬、工作环境、个人发展等方面有定性和定量要求	选择的是所学专业、薪酬6000元，工作环境为室内作业，对个人应有发展的可能
		策略	要有实现目标的基本原则	基本原则是分步实施
			要有实现目标的时间要求	时间要求是3个月内找到一份工作，3年内相对稳定
			要有实现目标的基本手段	外地就业，靠个人努力
2	求职途径和实施方法	求职途径	要有至少3种明确的求职途径	选择电话求职、上门求职、亲友介绍求职、学校推荐求职、职介机构求职
		实施方法	针对3种求职途径，提出具体的实施办法	对所选的求职途径，在准备、步骤、规则、技巧等方面提出具体的设计
3	个人条件	人格和能力	具有能够满足用人单位需要的职业人格和能力	具有高度的工作责任感、一定的英语水平
		经验	具有能够满足用人单位需要的职业经验	具有相关的职业实习经验
		学历	具有能够满足用人单位需要的学历	大学专科毕业
		社会关系	具有能够帮助自己就业的社会关系	家庭可以提供就业信息
		其他	具有求职能力、外貌、言语等有助于求职的条件	具有较强的个人展示能力
4	本地区就业信息	本地区就业信息的掌握	要对本地区总体就业情况和求职意向所涉及的岗位信息有所了解	知道本地区计算机绘图人员处于供不应求的状态
5	就业环境的掌握	其他地区就业信息的掌握	要对其他地区总体就业情况和求职意向所涉及的岗位信息有所了解	知道武汉缺少技术人才

步骤二：个人就业资源分析

1）填表。填写个人就业资源分析表（表5-3）。

表 5-3　个人就业资源分析表

序号	必备条件	要素	规则	个人详细状况
1	目标定位和策略	目标定位	要有明确的初、中、高目标层次	
			至少要在岗位或专业要求、薪酬、工作环境、个人发展等方面有定性和定量要求	
		策略	要有实现目标的基本原则	
			要有实现目标的时间要求	
			要有实现目标的基本手段	
2	求职途径和实施方法	求职途径	要有至少 3 种明确的求职途径	
		实施方法	针对 3 种求职途径，提出具体的实施方法	
3	个人条件	人格和能力	具有能够满足用人单位需要的职业人格和能力	
		经验	具有能够满足用人单位需要的职业经验	
		学历	具有能够满足用人单位需要的学历	
		社会关系	具有能够帮助自己就业的社会关系	
		其他	具有求职能力、外貌、言语等有助于求职的条件	
4	就业环境的掌握	本地区就业信息的掌握	要对本地区总体就业情况和求职意向所涉及的岗位信息有所了解	
		其他地区就业信息的掌握	要对其他地区总体就业情况和求职意向所涉及的岗位信息有所了解	

2）总结要点。

① 对个人拥有的就业资源评价要中肯，既不要夸大，也不要漏掉，本着实事求是的态度。

② 无论是谁，都会面临就业资源匮乏的问题。因此，如何结合自身的情况，制订一个切实可行的求职计划，就显得尤为重要。

③ 对个人就业资源有了中肯的分析后，再制订求职计划就心中有数了。

步骤三：撰写个人求职计划

1）撰写求职计划。依据个人就业资源状况撰写求职计划。

2）点评求职计划。随机抽取两份求职计划进行公开点评。

3）观摩。选出优秀的求职计划，张榜观摩。

4）根据个人就业意向和求职目标，制订自己的半年度求职计划，并填写表 5-4。

表 5-4 半年度求职计划表

计划项目	1 月	2 月	3 月	4 月	5 月	6 月
确定职位						
了解职位需求						
投递简历						
参加面试						
电话询问反馈						
确定录用通知						
签订合同						

（资料来源：佚名，2010. 求职计划[EB/OL]. https://wenku.baidu.com/view/de06b62458fb770bf78a554d.html，略有改动。）

第六章 大学生职业期待

案例导读

早定目标，充分准备

王某是江汉大学物理与信息工程学院电子信息工程专业的学生，进入大学时曾经非常迷茫，经过班主任老师的开导后，王某将目标定位为成为一名电子信息专业从业者。

在学习方面，王某平时勤奋刻苦，热爱钻研，十分注重与同学们进行交流学习。在每次考试中均名列前茅，入校以来多次获得学院奖学金。大二下学期顺利通过大学英语四级考试，大三下学期通过大学英语六级考试和全国计算机三级考试。此外，她还经常去图书馆阅读其他学科的相关书籍、报刊，还经常参加科技、人文、社科等方面的讲座，拓展自己的知识面，不断提高自身的综合素质。

在校园生活方面，王某在大一曾担任学生会干事、文艺部副部长，大二曾担任文艺部部长、学生会副主席，并于 2011 年担任学生会主席。她在学生会主席的工作中勤勤恳恳、兢兢业业，充分发挥自己作为学生干部的优势，当好老师和同学之间沟通的桥梁。协同学生会所有成员，围绕“从同学中来，到同学中去”的工作方针，以全心全意服务于全院师生为根本宗旨，以丰富校园文化生活为己任，用心开展丰富多彩的校园文化活动和社会实践活动，组织学生会上传学生心声，下达学院精神，真正做到为广大学生服务。王某在各方面都严格要求自己，不断加强相关业务学习，不断总结工作中的经验，能够认真完成老师交付的各项工作，并勇于创新，开阔思维，努力在平凡的工作中做出不平凡的成绩。

进入毕业季后，面对严峻的就业压力和形势，王某并不气馁，而是充分挖掘就业信息。终于，功夫不负有心人，她从学校就业信息网上得知爱立信在江汉大学的校园宣讲活动，爱立信的企业文化深深吸引了她，之后她通过笔试、群面（又称为无领导小组面试）和单独面试的层层筛选，顺利拿到了爱立信的录用通知。

大四下学期她进入爱立信开始实习，实习期间有理论知识和操作指导的学习。正式入职后，她一直在国内、国外各地出差，学到了很多专业技术知识。因为工作表现突出，她多次获得各个项目和客户的表扬信，在2014年和2016年分别被评为爱立信优秀员工。直至现在，她依然在岗位上积极贡献自己的力量。

（资料来源：根据江汉大学学生案例改编。）

第一节 组织信息认知

组织，从广义上讲，是由诸多要素按照一定的方式相互联系起来的系统；从狭义上讲，是指人们为实现一定的目标，互相协作结合而成的集体或团体，如党团组织、工会组织、企业组织、军事组织等。这里主要针对企业组织而言。

一、探索组织的五个维度

维度一：组织文化。企业文化对于员工的招聘、评估、提拔、培训、奖励等都有直接影响。企业文化的好坏决定了企业未来的发展，也直接影响员工自我价值的实现。

维度二：组织性质。企业组织主要分为国企、外企和民营企业三类，组织性质不同，其工作环境、薪资水平等都会有较大差异。

维度三：地域差异。沿海地区、东北地区、珠三角地区等各个地域的公司，在自然环境、社会人文环境及区位发展趋势等方面都有所不同。

维度四：组织规模。大型企业、中小型企业及微型企业，在组织结构、管理模式、企业文化等方面都有各自的优势和劣势。

维度五：发展类型。对于求职者来说，侧重了解组织发展在结构与人文上的偏好，考虑企业是否符合自己的职业兴趣倾向是至关重要的。

二、组织的信息

一般情况下，组织会通过门户网站介绍该组织的概况、组织架构、企业文化、行业地位、竞争情况等信息。但是，还有一些其他重要的组织信息，如核心岗位、校招职位、薪酬福利水平、职业发展等，不一定能够通过网站查询得到，这就需要求职者通过其他途径获得。

三、收集组织信息的渠道

1）公司网站。公司网站是企业对外宣传的窗口，求职者可以在公司网站查到最权威、最真实的信息，可以全面了解公司的信息。在搜索公司网站时，要谨防虚假冒名网站，不要通过第三方网站随意点击公司的网址链接。

2）权威期刊。为扩大组织影响力和发布招聘信息，一些公司会在期刊上刊登组织信息。建议大家在收集组织信息时，将权威期刊作为重点。

3）管理咨询公司。例如，通过人才服务机构、人才市场、猎头公司等，了解你想了解的组织信息。

4）相关人士访谈。这里的相关人士是指行业人力资源部门的人士，他们对行业发展趋势、员工培训管理、职业发展通道、福利待遇等有专业的认识，通过访谈可以得到比较中肯的建议。需要注意的是，在访谈前一定要做好访谈提纲。

5）师兄师姐。师兄师姐在专业领域有独到见地。通过师兄师姐，既可以得到理想组织的信息，又可以避免走很多弯路。

6）就业老师。在日常的就业工作中，就业老师对组织的认识水平较高。通过咨询就业老师既可以了解相关组织信息，又可以得到一些个性化的专业辅导。

7）实习。通过最真实的亲身体验去感受和认知组织。

此外，常用的获取信息的方式还有亲戚朋友介绍、BBS论坛等。

第二节 职业目标

一、职业目标的含义

职业目标是指个人在选定的职业领域内、在未来时点所要实现的具体目标，包括短期目标、中期目标、长期目标和人生目标。

职业目标的确定包括人生目标、长期目标、中期目标与短期目标的确定，它们分别与人生规划、长期规划、中期规划和短期规划相对应。一般来说，我们首先要根据个人的专业、性格、气质、价值观及社会发展趋势来确定自己的人生目标和长期目标；然后把人生目标和长期目标进行分解，根据个人经历和所处的组织环境制定相应的中期目标和短期目标。

1）人生规划。人生规划是指时间长至40年左右的规划，主要设定整个人生的发展目标。例如，规划成为一个有数亿资产的公司董事长。

2）长期规划。长期规划是指5～10年的规划，主要设定较长远的目标。例如，规划30岁时成为一家中型公司的部门经理，规划40岁时成为一家大型公司的副总经理等。

3）中期规划。中期规划是指2～5年的规划，主要设定中期的目标。例如，规划到不同的业务部门做经理，规划从大型公司的部门经理到小公司做总经理等。

4）短期规划。短期规划是指2年以内的规划，主要设定短期目标。例如，设定自己2年内掌握哪些业务知识等。

在确定以上各种类型的职业目标后，就要制订相应的行动方案来实现它们，把目标转化成具体的方案和措施。这一过程比较重要的行动方案有职业生涯发展路线的选择、职业的选择和相应的教育和培训计划的制订。

二、职业目标对专业技能的要求

专业技能是指依据专业培养目标，通过一定的实践训练，使学习者熟练掌握专门技术及运用能力。例如，教师需要具备语言表达、板书书写、信息处理、标准普通话、扎实的“三笔（钢笔、粉笔、毛笔）一画”基本功、应用现代教学媒体等技能；公务人员需要具备语言表达、组织管理、公文书写、计算机应用等技能；IT 人员需要具备编程、网络维护、动漫设计等技能。

专业技能的培养建立在学生主动学习的基础上，专业技能的培养有以下几种方式。

1. 课内学习

课内学习为大学生学习专业知识、培养专业技能创造了良好的学习环境和条件。大学生要充分利用学校的各种优质资源和条件，积极学习专业知识，培养专业技能，为将来择业和职业生涯发展奠定坚实的基础。

（1）主动参与课堂教学

大学生在校期间的主要学习形式是课堂教学。大学生要积极主动地参与课堂上的各种讨论、踊跃发言，表达自己的思想和观点、认真完成各种形式的练习，在情景模拟和实践中夯实知识、提高技能。养成自觉、良好的学习习惯，不断提升专业能力。

（2）广泛参加“第二课堂”

“第二课堂”是指课堂教学之外各种形式的学习或实践活动。高校对于“第二课堂”的开辟，为大学生择业就业起到了强有力的助推作用。大学生应该积极参与学校开展的形式丰富的“第二课堂”，如学术研讨会、读书分享会、英语演讲比赛、诗歌朗诵、志愿者服务等，在积极参与的基础上，根据自己的兴趣爱好和优势特长，参加其他各种社团活动。在课外学习和实践活动中，锻炼自己的自主性、独立性和创新性，并有意识地根据职业规划目标及职业发展方向培养和锻炼自己各方面的能力。

2. 课外培养

知识的巩固和运用以及技能的培养，都离不开积极的实践。大学生应该在实践过程中去寻求新的知识、习得新的技能。

大学生可以通过以下课外途径培养自己的技能。

1）争取实习机会。充分利用各种实习机会，选择与职业发展目标和方向相适应的岗位进行实习。

2）积极参加各种社会实践活动，如专业技能大赛等。

3）参加课外职业技能培训。

三、职业目标对通用技能的要求

通用技能是人们在参与社会活动的过程中，自我形象设计和自我角色设定的能力。一个人在职场中要获得成功，关键不仅在于他的专业技能，还在于他所具有的通用技能。良好的通用技能是个人事业成功的基础。

通用技能是人们除岗位专业技能之外的基本能力，是个人最能持续运用和最能依靠的技能。通用技能适用于各种职业，适应职位的不断变换，是伴随人终生的可持续发展能力，它包括以下 10 项技能：自我管理能力、学习和适应能力、解决问题能力、创新能力、团队工作能力、语言表达能力、信息处理能力、人际交往能力、系统化工作能力、自我规划能力。表 6-1 为五大类能力、名称及描述。

表 6-1　五大类能力、名称及描述

序号	五大类能力	名称	描述
1	理解与交流能力	理解性阅读	理解工作文件中的句子和段落
		积极聆听	理解对方讲话的要点，并能适当地提出问题
		有效的口头沟通	交谈中有效地传递信息
		积极学习	理解信息中的启示，用于解决问题，帮助做出决定
		学习方法	在训练和指导工作时选择方法与程序
		理解他人	关注并理解他人的反应
		服务他人	积极地寻找方法来帮助他人
2	科学思维能力	针对性写作	根据读者需求有效地传递信息
		数学解法	用数学方法来解决问题
		科学分析	用科学原理和方法来解决问题
		批判性思维	运用逻辑推理来判定解决问题的建议、结论和方法的优缺点
3	管理能力	绩效监督	监督和评估自己、他人或组织的绩效，以采取改进行动
		协调安排	根据他人的需要调整工作安排
		说服他人	说服他人改变想法或者行为
		谈判技能	与他人沟通并达成一致
		指导他人	指导他人怎样去做一件事
		解决复杂的问题	识别复杂问题并查阅信息，以发现和评估解决方案
		判断和决策	考虑各方案的成本和收益，决定最合适的方案
		时间管理	管理自己和他人的时间
		财务管理	决定怎样花钱以完成工作，并为这些开支记账核算

续表

序号	五大类能力	名称	描述
3	管理能力	物资管理	如何按照工作的特定需要获得设备、厂房和材料，以及监督其合理使用
		人力资源管理	在工作中激发潜能和指导人们的工作，寻找适合各项工作的人
4	应用分析能力	新产品构思	分析需求和生产的可能性以开发出新产品
		技术设计	按要求设计和修改设备与技术
		设备选择	决定使用哪一种工具和设备来做一项工作
		质量控制分析	对产品、服务或工作程序进行测试和检查，以评价其质量和绩效
		操作监控	监视仪表、控制器和其他指示器，以保证机器的正常运行
		操作和控制	控制设备和系统的运行
		设备维护	对设备进行日常维护并决定什么时候进行何种维护
		疑难排解	判断操作错误的原因并决定纠错对策
		系统分析	判定变化对一个系统运行结果的影响
		系统评估	识别系统绩效的评估方法或指标，根据系统目标制订行动来改进系统表现
5	动手能力	安装能力	按照特定要求来安装机器、设备、管线或程序
		计算机编程	为各种目的编写计算机程序
		维修机器和系统	使用必要的工具来修理机器和系统

四、职业目标对个人素质的要求

个人素质的内涵很广，包括学习能力、总结能力、学识经验、进取精神、社交能力、责任心、自我控制、成就动机、灵活性、创造性潜力、管理潜力、工作态度、诚实水平等。个人应根据自身特点发挥自己的特长，要有真才实学，有职业操守；要真诚、敬业；有团队合作意识、良好的沟通能力和亲和力；要善于学习，有积极主动地解决困难的态度和能力；要有良好的组织能力和协调能力等。

我们在选择职业时，一方面，需要根据社会需要、个人意愿、能力等选择适合自己发展的职业或工作岗位；另一方面，职业或工作岗位也对求职者进行选择，不同的职业对求职者的知识、能力、性格等心理品质也有不同的要求。

下面是部分常见的职业类型，现将其相关素质要求介绍如下。

1. 教师

1）具有思想品德修养，忠诚于人民的教育事业。

2）遵守宪法、法律和职业道德，为人师表。

3）关心爱护全体学生，尊重学生，促进学生的全面发展。
4）具有较强的组织管理和协调能力。
5）具有相应的学科专业知识。
6）具有合格的教育教学能力。

2. 商业经营人员

1）信息处理能力。善于处理市场信息，辨别其价值，并能及时做出反馈。
2）情绪表达能力。对周围世界的感受比较灵敏，善于表达自己的意向。
3）文字表达能力。涉及经济合同等经济文书，考虑周到，用词准确。
4）组织管理能力。对进销储运业务活动组织协调得当。
5）果断决策能力。能够及时对经营做出正确的抉择。
6）改革挑战能力。不满足于现状，勇于开拓新领域。

3. 自然科学研究人员

1）喜欢独立思考。
2）数学能力较强，推理能力突出。
3）好奇心、进取心强。
4）抽象思维能力和判断能力强。
5）坚持真理，尊重事实。
6）具有丰富的想象力和直觉敏感性。
7）具有坚忍不拔的精神。
8）善于收集信息和发现问题。
9）具有强烈的自我意识和自我情绪。
10）独创性强。

4. 社会科学研究人员

1）性格外向，善于处理自己与他人的关系。
2）能够有效地观察事实，观察力和预测力很强。
3）独立自主，不满足于现状，也不因遭受打击与经受挫折而沮丧。
4）对生活总是感到新奇、愉快，有执着的追求。
5）以问题为中心，而不以自我为中心。
6）对各种各样的人都一视同仁。
7）具有较强的社会责任感和奉献精神。
8）富有创造性。

5. 工程技术人员

1）具有扎实的专业知识和较宽的知识面。

2）不满足于现状，具有较强的创造革新能力。
3）在试验操作、模型制造、解决操作难题等方面的实践能力强。
4）具有较强的组织能力，能够保证技术的攻关和实施。
5）求知欲旺盛，不断学习新知识、新技术。
6）对科技的发展和应用具有敏锐的洞察力和预测能力。
7）具有严肃认真、实事求是的工作态度。

6. 广告策划与设计人员

1）具有较强的创造力，能够独出心裁。
2）具有丰富的知识，对复杂事物具有鉴别、识别的能力。
3）具有战略眼光和预见能力。
4）法制观念强，不制造虚假广告。
5）诚实守信，具有较强的人际交往能力。
6）具有全局观念和开拓新领域的能力。
7）具有较强的想象力和绘画能力。

7. 推销与采购人员

1）独立性和自我管理能力较强。
2）善于捕捉信息，灵活应变。
3）时间观念强。
4）善解人意，劝说能力强。
5）诚实、守信。
6）性格外向，人际交往能力强。
7）口头表达能力和洞察能力较强。

8. 企业管理人员

1）愿与他人一起工作，富有合作精神。
2）具有决策能力，能够依据事实而非依据想象进行决策。
3）具有组织能力，能够发挥部属的才能，善于组织人力、物力和财力。
4）精于授权，能够抓大放小，自己抓大事，把小事分给部属。
5）善于应变，不墨守成规，积极进取。
6）勇于负责，对上级、下级、用户及社会抱有高度的责任心。
7）勇于求新，对新事物、新环境、新观念有敏锐的感受能力。
8）能够承担风险和责任，具有改变企业面貌、创造新局面的雄心和信心。
9）尊重他人，重视和采纳他人意见，不武断狂妄。
10）品行端正，为社会、企业员工所信任。

9. 编辑

1）具有扎实的专业知识和宽广的知识面。
2）具有较强的社会活动能力和人际交往能力。
3）具有较强的鉴别能力和对信息的快速反应及筛选能力。
4）责任感强。
5）具有较强的文字水平。
6）具有较强的学术价值观念和经济效益观念。

10. 金融财会人员

1）廉洁奉公，有正义感，能够抵制各种诱惑，坚持原则。
2）责任心强，时间观念强，工作严谨细致。
3）具有较强的数字反应能力和汇总规划能力。
4）具有扎实的专业知识和宽广的知识面（如经营、制造、推销、采购等）。
5）具有较强的理解、分析、综合、判断和推理能力。

11. 律师

1）具有坚持真理、坚持原则、不畏权势的人格品质。
2）具备扎实的法律学、心理学、社会学、经济学、逻辑学等方面的知识。
3）具有较强的理解国家有关法律条文的能力及较强的准确判断能力。
4）具有较强的文字表达能力和语言表达能力。
5）具有较强的稳定性和自我控制能力。
6）具有敏锐的观察力和较强的抽象思维能力。

12. 外贸工作人员

1）保守国家机密，维护国家利益，责任心强。
2）反应灵敏，待人热情，具有较强的社会交往能力和涉外能力。
3）外语水平高，语言表达能力强。
4）具有扎实的外贸专业知识和较宽的知识面。
5）具有较强的协调能力和合作共事能力。

13. 政府机关公务员

1）具有较高的政治素质，遵纪守法，保守国家秘密，公正廉洁，有责任感。
2）具有扎实的基础知识、专业知识、管理知识和宽广的知识面。
3）具有较强的组织管理、协调和决策能力。

4）具有较强的调研能力和较高的政策水平。
5）具有良好的思维能力。
6）具有较强的文字表达能力和应变能力。
7）具有一定的社会交往能力，能够坚持原则性和灵活性的统一。

14. 法官与检察官

1）执行党的路线、方针、政策和国家的法律、法规，坚持四项基本原则。
2）具有扎实的法律专业知识和较宽的知识面。
3）具有较强的文字表达能力和口头表达能力。
4）具有较强的自我控制能力。
5）具有敏锐的知觉能力、观察能力。
6）具有较强的分析能力和准确的判断能力。
7）具有较强的调研能力和应变能力。

15. 咨询人员

1）具有实事求是和为他人服务的精神，具有高度的责任心。
2）具有多方面的理论知识、专业知识和实践知识。
3）具有较强的语言表达能力。
4）具有较强的社会调查、系统分析和逻辑推理能力。
5）具有较强的想象力和察言观色的能力。
6）乐于与人接触，善于与人合作与交往。
7）具有较强的记忆力和创造能力。
8）具有较强的说服谈判能力。

第三节　人—职匹配

在职业生涯中，幸福莫过于做着自己喜欢的工作。那么，如何觉察所做的工作是否是自己喜欢的呢？这就需要了解人—职匹配。不同的个体有不同的个性特征，而每一种职业由于其工作性质、工作环境、工作条件、工作方式不同，对工作者的能力、知识、技能、性格、气质、心理素质等也有不同的要求。因此，在求职过程中选择适合自己的职业就显得尤为重要。在求职过程中，许多学生会有这样的困惑：招聘现场职位满目皆是，该如何去做选择、做决策呢？不同的职业，其优势和劣势有哪些呢？下面对人—职匹配的思路设计、人—职匹配的决策方法、不同性质企业的特点进行介绍。

一、人—职匹配的思路设计

首先，需要了解工作做什么。大学生可以通过职位描述来了解工作环境、工作内容和工作重点。其次，要了解职位对个人的要求，如性格、学历要求、能力要求、心理特点等。再次，要明确工作收益和奉献程度。这需要关注不同职位的收入阶梯、人际关系、工作成就与挑战等。最后，要清晰看到职位的未来发展，如职位的晋升渠道、发展方向，未来的发展空间及目标等。

二、人—职匹配的决策方法

在人—职匹配的决策方法中，采用最多且最容易的是决策平衡单。决策平衡单的主体框架是工作对求职者在物质、精神层面的满足程度。下面以武汉国企技术员和中学教师这两个工作为例，来介绍如何做决策。首先，明确自我内在期待，如期待：①月收入达到 6000 元；②有假期，最好有寒暑假；③和亲人在一起；④工作压力不要太大。其次，来看两个工作对这 4 个内在期待的满足程度。用 1～10 分表示满足程度：1 分最低，10 分最高。武汉国企技术员这个工作，月薪 4000 元，距离期待 6000 元低了一些，得 5 分；有法定节假日，得 6 分；能够和亲人在一起，完全符合和亲人在一起的期待，得 10 分；按部就班地工作，压力不大，得 8 分；最后的得分总计为 29 分。中学教师这个工作，月薪 5000 元，达不到 6000 元的期望值，但比国企技术员高，得 7 分；有寒暑假，完全符合对假期的期待，得 10 分；与女朋友天各一方，得 3 分；工作上要做好教学，还要做班主任，要应对学生和家长，工作复杂且压力大，得 3 分；中学教师最后得分总计为 23 分。最后，比较这两个工作得分的高低，武汉国企技术员分数高，说明满足内在期待的程度越接近，越符合职业选择目标。

三、不同性质企业的特点

下面介绍 3 种不同性质企业的特点，供大家做决策时参考。

1）国有企业的特点：社会地位高，美誉度高；社会保障好，福利待遇好；人脉资源广；工作任务带来的压力相对较小；工作相对稳定；工作、生活平衡感好；工作环境相对舒适；等等。

2）外资企业的特点：收入高；工作环境好；培训机会多；专业能力提升快；培养国际视野；自由度高；公平，靠能力吃饭；社会认可度高；平台高；学习先进文化、理念；企业管理规范；等等。但是，外资企业也存在一些不足：工作压力大，节奏快；入行门槛高；竞争激烈；晋升空间有天花板现象；归属感不强；等等。

3）民营企业的特点：机会多；能力提升快，升迁快；工作灵活；创新空间大；创业基础比较好；流动性较强；人际关系处理也相对简单；等等。

以上 3 种不同性质企业的特点，学生可以根据自己的职业价值观选择对应性质的企业。

训练活动

活动一　我的旅游计划

1）请学生参考世界地图，为自己制订一个可行的旅游计划。

2）以 3 人为一组，进行如下讨论并总结：

① 在小组内，分享你的旅游计划。

② 你制订这个旅游计划经过了哪几个步骤？

③ 你将如何落实这个旅游计划？

④ 这个过程与职业生涯规划有哪些相似之处？

3）全班讨论交流：通常我们旅游前会做哪几方面的准备？你会像精心准备旅游一样来策划你的人生吗？请讲一讲你的打算。

4）总结：职业生涯规划是一个过程，规划的功能在于设定目标，并找出达成目标所需要采取的步骤，目标可以为人生带来希望和意义。

5）写下你的感悟：

____

____

____

活动二　职业大讨论

活动目的：探讨职业发展环境。

活动步骤及说明：

1）小红是本地人，毕业于某大学经济管理专业，形象气质佳，英语好，性格开朗。关于职业，小红有如下选择：①与朋友合作创业；②某国企党办秘书；③语文教师；④西部支教；⑤保险推销员；⑥出国留学。请帮她排个顺序。

排序：______________________________。

2）每组选定 1 名主持人，要严格控制各个环节的执行。讨论开始后，前 3 分钟为发言提纲时间；随后每人都有 1 分钟发言时间；个人发言结束后进入自由讨论环节；最后，小组须指定 1 人进行总结发言。

活动三　专业知识技能探索

请在下面的专业知识技能词汇中圈出自己所知道的。如有可能，用一个更具体的词来替换这里的词汇。例如，如果圈出了“外语”这个词，根据自身所掌握的外语方面的知识，可以把它替换成英语或日语。

专业知识技能词汇

美学、手绘、Photoshop、AutoCAD、会计、管理、农业、解剖学、声学、杂技、人类学、制陶术、工程学、地理、庆典、发动机、构造、仪器、仲裁、化学药品、建筑、教堂、高尔夫球、数学、艺术、艺术史、气候、图表、时尚、天文学、语法、运动、颜色、喜剧、电影、金融、手工艺品、儿童养育、计算机、财务记录、卫生保健、信仰、消防、化妆品、急救、历史、生物学、园艺、插花、植物学、外语、地理学、新闻学、心理学。

请写下你目前不具备但希望具有且相信自己能够学会的知识。

____

____

____

活动四　打造个人品牌

品牌是一种识别标志、一种精神象征、一种价值理念，是品质优异的核心体现。个人品牌体现了个人在别人心目中的价值、能力及作用，是职业生涯中的第二个自我。个人品牌对个人职业生涯有着长远而深刻的影响。良好的个人品牌，有助于把别人对你的看法变成职业发展的机会。

建立个人品牌，首先要进行“品牌定位”，清楚自己擅长什么、想要什么，自己的价值在哪里。每个人都有闪光点，通过观察和分析，发现自己的闪光点，找出自己独有的个性、特长或优势，然后把自己的个性、激情、经历融入品牌定位中。下面试着给自己进行品牌定位。

个人品牌＝我是谁＋我的愿景

我是谁：______________________________

我的愿景：______________________________

人才市场卖点：______________________________

用几个词描述你的特色：______________________________

每个人都具备不同的特质，个人品牌就是要充分展示个人独特内涵中最有价值、最有影响力的那一部分。你的竞争优势在哪里，你的个人品牌价值就在哪里。

用几个词描述你的独特竞争优势：

____

在建立个人品牌的过程中，要注意寻找可以强化自身品牌的识别标志。这些识别标志可以帮助别人更好地理解个人品牌所传达出来的信息，加强品牌信息的有效送达和有效接收。

最吸引人的形象或符号设计是：______________________________

如果说品牌最核心的内容是质量保障，那么个人品牌最重要的就是品质保障。在打造个人品牌的过程中，我们可以借助各种手段来扩大自己的影响力，加强别人对你的认知。

你的个人网站构想（微博或 QQ）：________________

关于你的新闻报道设计：________________

关于你的光辉故事设计：________________

关于你的社会交往规划：________________

需要注意的是，忽视人品修养，过分追求其他都是无实质意义的。真正的个人品牌在于我们内在的人品。

第七章 个人简历与面试

案例导读

打造个性化求职“名片”

某高校毕业生王宏和郑宇同时应聘某高校辅导员，他们都是学生干部，工作中能力和专业素质不相上下，郑宇通过层层考核，最终成功入职，而王宏连面试的机会都没得到，这让王宏百思不得其解。后来，郑宇主动找到他，跟他一起分析原因。

原来，问题出在个人简历和求职信上。

他们应聘的高校采取网上报名，报名后需要应聘者提交电子个人简历和求职信。郑宇一直把高校辅导员作为自己的求职目标，因此经常和自己的辅导员交流，在工作中注意积累素材和经验。他在个人简历中只是简要地介绍了自己的专业情况，以此证明自己的学习能力和学习态度，他用大量笔墨介绍自己曾经做过辅导员助理的经历，通过介绍自己参与组织的活动、处理的事件、获得的奖励等，突出自己辅导员的工作能力和职业素养。另外，他还对所应聘的高校进行了深入了解，根据所应聘高校的管理理念，制作了有针对性的个人简历和求职信。然而，王宏的个人简历和求职信从找工作以来就没有修改过，他自己都不记得用这份个人简历和求职信投过多少家单位了。再看内容，大多是介绍他在体育方面取得的成绩和实践经历，与应聘岗位相距甚远，没有把个人的工作能力和素质很好地展现出来。王宏终于意识到自己失败的原因了。

（资料来源：魏凯燕，孙晓程，2019. 赢在起点：大学生职业生涯发展与就业准备[M]. 北京：科学出版社。）

第一节 个人简历的撰写

一、个人简历的内容

1）个人资料。包括姓名、出生年月、籍贯、政治面貌、婚姻状况、身体状况、兴趣爱好、性格、联系方式等。

2）学历。包括毕业学校、所学专业、学位、主要课程成绩、外语和计算机掌握程度等。

3）本人经历。本人经历主要介绍大学以来的简单经历，主要是学习经历和社会工作经历等，有的还可以从高中时写起。

4）技能与特长。技能水平：外语和计算机水平或其他水平。专业特长：专业范围内最突出、最擅长的强项，包括大学期间的论文、成果、发表的文章等。

5）奖励和荣誉。包括大学期间获得的奖学金情况、获得的荣誉称号等，可按时间顺序排列。

6）兴趣爱好。兴趣爱好可以展示求职者的喜好、品德修养、社会交往能力、与人合作能力等。个人简历中所填的兴趣爱好应尽量与应聘职位所需的技能相关，否则会弄巧成拙。

7）照片。个人简历上的照片一定要正式、大方、得体，要能够清晰看到求职者的容貌。建议求职者到正规专业照相馆拍摄正式的证件照。

8）封面。个人简历的封面设计要注意美观大方、设计合理。封面设计中应体现求职者的姓名、专业、年级、学校、联系方式等基本信息。

个人简历核心内容如表 7-1 所示。

表 7-1　个人简历核心内容

核心内容	要素	招聘方想知道的信息	注意事项
基本信息	姓名、出生年月、籍贯、联系电话、其他	了解基本情况、如何联系到你	确保信息及时更新；针对应聘行业和岗位对个人信息进行删减
教育背景	学校；学院、专业；学历；成绩与排名；其他培训经历	你受过哪些教育，学过哪些方面的知识，成绩如何；所学专业与职位的适配性	按倒序的方式来写（最近的写在最前面）；无须追溯太久，大学阶段即可
实习、实践经历	校外实习、校内实践活动、志愿服务	你是否有过类似的工作经验；你在过去的实践中获得的成就；你担任过什么样的干部职务	考察你做过什么、会做什么，是非常重要的信息；每项内容要写清楚以下几方面的内容：起止时间、组织名称、岗位、具体开展的工作、收获与业绩，重点罗列与岗位相关的活动
相关技能	语言能力、计算机能力、其他证书（如驾照等）	哪些技能可以证明你胜任这个职位	认证情况、应用情况
获奖情况	学术方面、体育方面、管理方面	你是否有过人之处	突出在不同领域的成就
兴趣爱好	参加的课外活动、爱好、其他项目	是否有其他方面的才华	突出与岗位相适配的内容

二、个人简历的设计与有效投递

（一）个人简历的设计

1. 版本

根据求职需要，一般需要准备 Word、PDF、纸质等版本。其中，Word 文件是最基本的格式，适用于很多场合；PDF 文件能够弥补 Word 文件易跑版的缺点，又比较美观；纸质版是参加各类现场招聘会必不可少的。

2. 篇幅

一般来说，对于篇幅影响最大的是工作经历，工作经历丰富的人，一般写 2～3 页为宜；工作经历相对较少的人，一般写 1～2 页为宜。对于大学毕业生来说，个人简历内容最好压缩为 1～2 页。

3. 重要内容

1）一定要坚持“重点优先”的原则，重要信息要出现在第一页，重要要素要提前。

2）写项目标题（如个人信息、教育背景、求职意向等）时可以加粗，按重要性从大到小排序并分行列出；也可以加上项目符号，但同一份个人简历不能使用太多种类的项目符号，避免过于花哨，给人留下不够简练的印象。

3）在个人简历中，可以使用加粗字体来强调某些内容。例如，在英文简历中，可以将公司或机构的名称大写加粗，但为强调而使用的大写字母或黑体字要适量。

4. 照片

照片的使用也要仔细考虑。如果招聘单位没有要求，建议尽量不要使用照片，除非你对自己的照片非常满意。

贴在个人简历上的照片最好使用证件照，切忌使用生活照、艺术照或大头照，因为这些照片不够正式。

5. 字体

一份个人简历中字体的使用最好不超过两种。例如，中文简历的正文部分可以采用宋体，小标题和题头部分的姓名可以采用黑体。英文简历可以使用“Times New Roman”和“Palatino Linotype”两种字体，也可以适当使用一些斜体字（用来突出你曾担任过的职位），但不要太多。在有数字的情况下，要注意数字字体和英文字体相匹配。

6. 字号

个人简历的标题，中文通常用小三或四号，英文用 14 或 16 号；项目标题可以用五号黑体字来强调；正文文本最好用五号字，如果为了扩充简历版面，也可以用小四号字。个人简历写完之后，要仔细检查所有项目的字体是否协调一致，做到雅观得体。

7. 留白

个人简历篇幅最好是 1～2 页，但如果简历内容确实很多，要注意排版和留白。

8. 对齐

个人简历中基本信息，如姓名、电话、邮箱地址、住址等可以左对齐、居中或者右对齐。注意：不要几种方式并用，否则会显得版面不够整齐。

9. 一致

个人简历的各项内容写完后，要统一进行行距和缩进量的调整，以确保所有文字的格式是一致的，不要出现对不齐的现象。重点应检查以下几方面的一致性：缩进、大写、字体、行距。

10. 纸张

纸张的克重应该选用 80 克/m^2 或 100 克/m^2 左右的，大小选用 A4 纸，这样看起来比较正规。纸张的颜色最好选用乳白色，看起来比较素雅、柔和。有人认为，使用彩色纸更能“脱颖而出”，其实彩色纸可能比较刺眼，有哗众取宠的感觉，大可不必。

11. 打印

在打印个人简历时，要使用克重为 80 克/m^2 或 100 克/m^2 左右的乳白色纸，尽量不要选择彩色打印或喷墨打印，尽量少用复印的简历。打印出来的简历要求每页着墨均匀，不要出现条纹或污迹。

（二）个人简历的有效投递

求职者是否能够获得面试机会，除了受个人简历质量的影响外，还受简历投递方式方法的影响。个人简历投递的途径主要有现场投递和网络投递。

1. 现场投递

一般企业不会接受求职者上门拜访，在人才招聘会现场投递是最常见的投递方式。在投递个人简历前，要仔细检查各项信息的完整性，不要忘了贴照片、附上相关证明资料等。现场投递时，还应注意不要盲目乱投简历。大部分招聘单位的人事主管会对招聘会上收集到的简历做一个简单的区分，即哪些是要尽快约见的，哪些是予以考虑的，哪些是不予考虑的。如果放下个人简历转身就走，这样的个人简历会被招聘单位的人事主管放在不予考虑的类别里。因此，投递完个人简历以后，要争取和现场的招聘人员做一个简单的自我介绍与交流，让招聘人员更多地了解求职者的具体情况，这样才有可能争取到面试的机会。

2. 网络投递

网络投递也是最常见的投递方式。求职者可以从知名的大型招聘网站投递，也可以在专场网络招聘会上投递，还可以直接向用人单位的网站或邮箱投递。有的学生在网上投了几百上千封简历都石沉大海，有的学生投出为数不多的几份简历就有面试通知，所以网络投递也有技巧，具体如下。

1）要有的放矢。首先，应仔细浏览招聘单位简介、招聘职位要求、信息发布时间、有效期等。掌握这些真实信息后，再结合自己的实际情况决定是否投递简历，在招聘单位发布招聘信息的第一时间进行投递是最佳时间。

2）不要向同一家单位申请多个职位。招聘主管不会因为你申请了多个职位而认为你什么都能干；相反，会认为你没有目标，只是盲目地乱投简历。

3）按招聘单位的要求投递简历。有的单位对简历格式、附件都有特别要求，如果没有按招聘单位的要求去做，简历再精彩也会被直接删除而错过机会。

4）电子邮件的主题要醒目。如果没有特殊要求，一般情况下可写“×××应聘××××”，电子邮件标题不要空着。

5）把简历存在各大招聘网站上。使用网络进行招聘的单位，会主动到网站搜索所需的人才。当他们需要你这个专业的应届毕业生时，就能搜索到你的简历并主动与你联系。

6）做好投递记录。有些大学生投递了很多简历，也没有进行记录，当有一家公司通知面试时，却想不起来是哪家公司。这会让招聘单位觉得你不重视这个工作机会，对你的印象会大打折扣。因此，建议做一个投递简历的信息记录，以免张冠李戴。

第二节 面试的基本类型与应对技巧

在校园招聘中，企业的面试形式越来越丰富，面试流程也越来越复杂，其目的是提高筛选的准确度和效率，降低招聘成本。对于大学毕业生来说，有必要了解不同企业面试的类型和应对技巧，并结合自身的实际情况做好准备，这样才能在面试中灵活应对，展现出良好的状态，以博得面试人员的青睐。

企业在校园招聘中采用的常见面试类型及其特征如表 7-2 所示。

表 7-2 常见的面试类型及其特征

面试类型	主要特征
电话面试	面试人员通过电话进行提问。一般在笔试之后、面试之前，针对某些特定问题进一步了解
视频面试	面试人员与求职者利用语音、视频、文字进行即时交流
结构化面试	系统的面试，包括试题、评分标准、评分方法等，其主要目的是评估应聘者的工作能力及胜任程度
无领导小组面试	采用情景模拟的方式对应聘者进行集体面试。在面试过程中，应聘者需要合作完成某个项目，可以是实际商业环境下的案例讨论，也可以是集体游戏
情景模拟面试	面试人员设置模拟场景，要求应聘者进入一个角色的情景中，针对各种问题和矛盾找到解决的办法

一、电话面试

很多企业会在正式面试之前，通过一个 10～30 分钟的电话面试考察应聘者是否符合要求。电话面试可以有效考察应聘者的背景和语言表达能力。通常，面试官会让应聘者回答一些常规问题或做自我介绍。在应对电话面试时，应注意以下几方面。

1. 从容应对，消除紧张

如果接到面试电话时恰巧不方便通话，可以用积极友好的口吻告诉面试官自己当下的情况，请他过几分钟再打过来，或者留下号码回拨给他。一般面试官都会同意这样的要求，不必为此觉得尴尬或紧张。

2. 吐字清晰，礼貌应对

声音可以体现出一个人的情绪状态和精神状态。因此，在电话面试时应该吐字清晰，语速适中，富有亲和力，使用简洁明了的语言回答问题。当听不清楚面试官的问题时，可以礼貌地请对方再说一遍，这一点很重要。

3. 认真聆听，注意记录

在听的过程中要学会记录重要信息。对面试官提出的问题，如果有不明白的地方要及时提问。同时，需要记录公司名称、面试官姓氏及进一步面试的安排等信息。

4. 不可忽视电话面试的礼节

在电话面试中要注意的礼节有：①以问候开始，以感谢结束；②要以热情友好的态度进行交流；③话语中要常常表达出对面试官的尊重。

5. 把握向面试官提问的机会

面试官通常会给你提问的机会。这个机会不仅能帮助你了解更多信息，而且是一个展示自我的良好机会。在这个环节尽量不要沉默，若能提出一个好的问题则会给面试官留下善于思考的良好印象。

二、视频面试

视频面试的准备和注意事项如下。

1）设备。确保视频面试所用的设备可以正常使用，包括计算机、耳机、摄像头、网络等，还要注意光线是否明亮。

2）发型、服饰。发型要大方得体；穿着不要过于张扬，应符合求职者的身份，服饰的风格应衬托出求职者阳光干练的精神面貌。

3）语言表达。面试官会关注求职者的语言表达能力。在视频面试时，说话要吐字清晰、条理清楚，语言简洁、精练，表述清晰。

4）细节表现。在视频面试时，要与面试官有目光交流，注意不要做小动作。

三、结构化面试

结构化面试又称为标准化面试，由试题、评分标准、评分方法、分数等部分组成。用人单位通过具体的内容模块、测评流程和测评要求，能够有效评估候选者的工作能力。在公务员面试和很多外企面试中多采用这种方式。

在结构化面试中，求职者回答问题时应把握重点，简洁明了，条理清晰，有理有据。一般情况下，回答问题要结论在先，议论在后，先将自己的中心意思表达清楚，然后再做叙述和论证，同时表达时要有个人见解和个人特色。

（一）自我介绍的准备

简单介绍自己的姓名、学历、专业、学习成绩等基本信息还远远不够，这些都是个人简历上有的。企业最希望知道的是你能否胜任工作，包括最强技能、最深入研究的知识领域、个性中最积极的部分、做过最成功的事及最主要的成就等，这些可以与学习无关，也可以与学习有关。因此，要突出介绍自己拥有的优势、积极的个性和做事的能力。

（二）结构化面试的技巧

下面主要介绍在结构化面试中的10类高频问题的回答技巧。

1）为什么选择这个行业？

这个问题旨在考察求职者对行业的认知。求职者回答时一定要言之有物，让面试官认为你确实是了解该行业的。

2）为什么选择这个职业？

求职者可以把这个问题变成“这个行业里有这么多的职位，为什么你偏偏选择这个职位而不是其他的职位？”这个问题旨在考察求职者对这个职位的认识。求职者回答时可以从岗位职责及其意义，以及职业期待、职业兴趣的匹配性等方面去回答。

3）为什么选择这个公司？我们为什么要选择你？

求职者可以把这个问题变成“相比同行业中这么多的公司，为什么你偏偏选择了我们这一家？”这个问题旨在考察求职者对公司的了解情况，如公司所属的行业概况、公司文化，以及相较其他公司而言存在的优势等。

4）讲述一个你过往生活和学习中的经历。

这个问题旨在了解求职者的过往经历。求职者回答时可以贴合公司和岗位要求，找一个或两个能力项作为中心思想去讲自己的经历。

5）用三个关键词来评价自己的优缺点。

尽量说说与岗位和公司相关的优缺点，用事实证明自己的确具备这个优点。对于缺点，首先要说明是在一段时间前有某个缺点，然后表明在意识到这个缺点后采取哪些措施来进行改变，最后谈谈改掉缺点后的收获。

6）谈谈你的职业规划。

求职者回答这个问题时可以贴近岗位或公司需求，结合自己的个性特征、职业价值观、兴趣等，分析自己的优势和劣势，设计未来职业发展路线，要脚踏实地，切忌好高骛远。

7）谈谈你最喜欢/最不喜欢的领导。

回答这个问题时，求职者最容易犯的错误是停留在对领导的要求上，表达时没有结合自身。无论是什么类型的领导，作为求职者要做的是尽快学习新知识，并运用到工作中，以完成好自己的工作任务。面试官问这个问题是考察求职者的人际交往能力和适应能力。

8）聊聊你的家乡、父母、兄弟姐妹。

这个问题的回答包括两方面：一方面是简单介绍一下你的家乡、父母和兄弟姐妹的背景和情况；另一方面谈谈他们对你的积极影响，尤其是对你性格形成的影响。

9）你为什么来面试？

这个问题考察的是求职者的职业期望和职业价值观问题。在回答这个问题时，你可以从你来面试的动机、未来你的职业规划等方面来回答。如果你有哪个方面和面试单位相匹配，还可以说明你为了面试这个职位所做的努力和准备以及该公司哪一点吸引了你。

10）你的薪资期望是多少？

在社会招聘中，薪资谈判比较常见。在校园招聘中，应届毕业生的薪资体系几乎是固定的。对于这个问题，我们可以这样回答：“贵公司在应届毕业生的薪资上有成熟且透明的体系设计，所以按照贵公司的标准定就可以了。如果这个标准中有上限和下限浮动的话，我希望自己能拿到上限水平，我觉得这也是公司对我个人能力和价值的肯定。”

四、无领导小组面试

无领导小组面试会安排一组求职者讨论一个与工作相关的问题。在这个过程中，能够充分考察求职者多方面的能力，如组织协调能力、语言表达能力、辩论能力、情绪控制能力和人际交往能力等。

在无领导小组面试中，要注意：在小组讨论中要积极发言，充分表达并坚持自己的观点；表达清晰，语速适中，保持上身略微前倾的坐姿；能合理掌控节奏，时间意识强；切忌不友好地打断别人的讲话；不要盲目地表现自己；结束时，应将自己的座位复原。

上面介绍了无领导小组面试中面试官的考察要点。下面从考察要点出发，介绍无领导小组面试的策略。

1）积极主动发言。在面试中不能沉默等待，而要积极主动地表达自己的观点。主动“破冰”的人容易给面试官留下深刻印象。发言后，要静下心来聆听他人的观点，取人之长，让自己的思路更加充实。

2）把握说服对方的机会。若想试图说服他人，要注意寻找恰当的时机。辩论时，如果出现情绪激动的情况，应适当收敛。

3）言辞真诚，有理有据。语言表达时要体现真诚的态度，对事不对人，要理解对方的观点，站在对方的角度考虑。经过客观分析，找出充分的论据，从而在辩论中居于优势地位，同时让他人信服。

4）运用技巧，委婉否定。若想否定对方的观点也要考虑对方的感受，可以先肯定对方的某些方面，再指出不能接纳的观点，这样才能让对方比较容易接受。

5）善于聆听，后发制人。如果觉得自己的观点尚不完善，可以认真聆听别人的发言，从中找到新的切入点。在别人回答的基础上进行发挥，可以让自己的陈述更加完善。

6）结合实际。在无领导小组面试中，切忌异想天开，要结合岗位需求和实际情况进行讨论。

五、情景模拟面试

在这类面试中，会让求职者进入一个虚拟环境，并在其中担任一个角色。在这个工作场景中，会让求职者发挥个人特长，分析解决现实问题。在这类面试中，求职者的优势和弱点都能充分体现出来。

在应对情景模拟面试时，要注意调整好自己的心态，从容自如地应对。既不要一言不发、退缩不前，也不要过分放松，而是要充分融入情境，发挥分析问题、解决问题的能力。

第三节　面试礼仪

一、仪容仪表

求职面试是从学校进入职场的必经之路。在面试过程中，你的一举一动、一言一行都被面试官尽收眼底。

面试的仪容仪表，主要包括以下几方面。

1）在服饰方面需要准备的服装。男士需要准备深色西装一套；浅色、单色衬衫一件；深色或暗深色条纹领带一条；深色皮鞋一双；根据自己的需要选择一个合适的包。女士可以搭配深色西装裤、矮跟皮鞋、简单款式衬衫及正装外套；或是搭配单色或不超过 3 种颜色的裙子、休闲小西装外套、丝袜、矮跟皮鞋。

2）在仪容方面应注意的问题。男士应理短发，保持头发清洁整齐；经常刮胡须，保持面部清洁；精神饱满，保持微笑。西装口袋不放物品，西裤平整、有裤线。在正式场合，女士应穿职业装，着装忌短、忌露、忌透。女士发型应梳理整齐，长发可用发卡等梳好。面部可化淡妆，保持微笑，大方得体。指甲不宜过长，应保持清洁。鞋子保持光亮清洁。

3）面试时的礼仪。进入面试室时应先敲门，如果门是掩着的也应敲下，不可冒冒失失地推门而进，给人莽撞无礼的印象。正确的敲门方法是：用右手指关节轻敲三下，得到允许后再轻轻推门进去。进入后，应面带微笑，以眼神向面试官致意，不要躲闪，否则会给人不自信的感觉。然后，礼貌地问候“您好”或“大家好”，见到面试官时不要先伸手去握，只有对方伸手时，求职者才可以伸出右手相握，晃动两三下即可。拒绝或无视面试官的握手都是失礼的。总之，面试时应站有站姿，坐有坐相，自信大方，举止得体，这样才会给面试官留下良好印象。

二、言谈举止

1）候场礼仪。应提前 15 分钟到达面试地点，如果提前到达，不要在被访公司溜达。应面带微笑向接待员说明身份、要拜访的对象和目的，从容地等待接待员将自己引到会客室或受访者的办公室。如果是雨天，不要将雨具带入办公室。在会客室等候时，不要看无关的资料。接待员奉茶时，要表示谢意。

2）面试过程中的仪态礼仪。在面试中，正确的站姿应是自然挺拔，给人一种可靠而干练的形象。男士，双腿自然分开，双臂自然下垂，五指并拢垂放到双腿两侧，给人以阳刚之美。女士，可站成丁字步，也可双腿并拢，双脚微分呈“V”形，双手轻握于腹前，给人以娴淑之美。入座、落座都要轻，左进左出，一般坐满椅子的 2/3，上身可稍微前倾。需要注意的是，女士一定要两膝并拢，不要把双手夹在两腿中或双手垫在臀部下；男士不要抖腿或双腿叉开过大。

三、电话礼仪

在接听电话时需要注意的是，铃声响起三声接听，礼貌地问候并说出自己的姓名，确认来电方公司及姓名，认真记录确认来电事项，礼貌地结束通话。

在拨打电话时需要注意的是，确认要拨打的电话号码，准备1～3分钟要说的内容，电话通后自报家门，一句话说明你的主要内容，询问对方意见并确认，礼貌地结束通话。

四、面试后应注意的主要事项

面试后应注意的主要事项如下。

1）写信感谢。写信感谢旨在加深招聘人员的印象，增加求职成功的可能性。感谢信的开头应提及自己的姓名、简单情况及面试时间，并对招聘人员表示感谢等。

2）不打听结果。一般情况下，招聘单位最后确定录用人选可能需要3～5天。求职者在这段时间要耐心等候消息，不要过早打听面试结果。

3）调整心情。如果同时向几家公司求职，在一次面试结束后要注意调整自己的心情，全身心地投入第二家单位的面试，不要放弃其他机会。

4）查询结果。一般来说，如果求职者在面试两周后或主考官许诺的时间到来时，还没有收到对方的答复，就应写信或打电话给招聘单位，询问面试结果。

5）做好再冲刺的准备。如果在竞争中失败了，千万不要气馁，而要及时总结经验教训，并积极改进不足之处，以谋求“东山再起”。

训练活动

活动一　测试你的简历水平

1. 毕业生个人简历上最重要的因素是（　　）。

A. 课程成绩和主要成就

B. 与职位要求相匹配的技能

C. 工作经历

D. 个人简历上信息的表述方式

2. 制作一份令人印象深刻的个人简历，你需要（　　）。

A. 使用具有较高水准的语句

B. 简洁的表述，使用要点陈述并包含与工作相关的关键词

C. 对收集到的成就和经历做深入的叙述

D. 使用色彩明亮的纸来打印个人简历

3. 毕业生的个人简历始终应包含两个证明人。(　　)

A. 正确　　B. 错误

4. 你应该提及最低薪资期望，以免以后获得太低的待遇。(　　)

A. 正确　　B. 错误

5. 不在个人简历上写自己的出生日期是正确的做法。(　　)

A. 正确　　B. 错误

6. 你没有工作经历，为了给招聘单位一个积极而深刻的印象，下列哪些因素可以用来代替工作经历？(　　)

A. 学术成就　　B. 校园课外活动的成就

C. 能够转换成任职能力的个人才能　　D. 以上全部

7. 个人简历写作最重要的因素之一是你应该避免任何字词和语法的错误。(　　)

A. 正确　　B. 错误

8. 毕业生的个人简历应该包含课程成绩。(　　)

A. 只有当课程成绩非常突出时才列出

B. 始终应该列出

C. 不应该列出

D. 只列出主要课程或与应聘职位相关课程的成绩

9. 你的教育信息应该包括(　　)。

A. 学校名称、毕业时间、主修专业和辅修专业

B. 主修专业及课程成绩

C. 所有的主修课程和辅修课程、学校的名称

D. 毕业时间、学校名称和完整地址

10. 在个人简历中陈述过去经历的最好方式是(　　)。

A. 用要点的方式按照年代递减的顺序陈述，重点叙述与应聘职位相关的工作经历

B. 用段落方式按照年代递减的顺序陈述

C. 除非与要应聘的工作有关，否则不要提及

D. 用要点的方式按照年代递增的顺序陈述

11. 当你列出过去的经历时，需要传达给期望的雇主的最为重要的信息是(　　)。

A. 你的技能和专业知识

B. 你负担的职责和工作内容

C. 你曾经工作过的公司及部门

D. 你在每份工作或每个职位上所取得的业绩

12. 你的个人爱好应该始终能与你所申请的工作相协调或相关。(　　)

A. 正确　　B. 错误

13. 如果毕业生没有或仅有少许工作经历，则向雇主证明你有能力胜任工作的最好方式是（　　）。

A. 把你的软性技能作为任职能力来突出

B. 列出你在学校期间完成的所有项目和班级工作

C. 列出你所从事过的所有带薪的或义务的工作（和应聘工作有关系的）

D. 以上全部

14. 一份有专业水准的个人简历应该把篇幅控制在一页纸。（　　）

A. 正确　　　　B. 错误

15. 在一份报纸上你同时发现了 5 家你感兴趣的公司的招聘广告，你想全部应征这些职位。为了尽可能多地获得机会，你应该（　　）。

A. 立即寄给他们你的标准个人简历和标准求职信

B. 针对不同公司的企业文化和应聘职位的要求，修改标准个人简历和标准求职信，然后寄出

C. 立即寄给他们你的标准个人简历和为每一家公司专门撰写的求职信（最多用两个段落强调并匹配你的技能和对方的工作要求）

D. 寄出标准个人简历和用颜色明亮的纸打印的求职信

16. 你希望申请尽可能多的职业机会，以便自己能够尽早开始工作。你认为什么样的个人简历可以给人留下深刻印象？（　　）

A. 简洁且明确的求职目标

B. 能够让人停下其他事情来关注的幽默图片

C. 列在开头的五句专业水准的内容概述

D. 以上全部

17. 招聘单位首次筛选个人简历只需要 20 秒即可完成，为了确保自己的个人简历通过首次筛选，需要做到（　　）。

A. 准确列出自己所具备的与所应聘工作相匹配的技能

B. 以递减的时间顺序列出你的经历，陈述的内容尽可能匹配应聘工作的要求

C. 强调你的学术及个人成就

D. 以上全部

18. 在个人简历中列出志愿者工作是明智的做法。（　　）

A. 正确　　　　B. 错误

19. 吸引招聘单位注意的最好方法是用颜色明亮的纸打印个人简历。（　　）

A. 正确　　　　B. 错误

请对照下面的正确答案：

1. B　　2. B　　3. B　　4. B　　5. B

6. D　　7. A　　8. D　　9. A　　10. A

11. A　　12. B　　13. D　　14. B　　15. B

16. A　　17. D　　18. A　　19. B

每道题目回答正确得 5 分，你的分数是多少呢？

0～40 分：欠缺对个人简历的正确理解和基本写作能力。

45～60 分：能够写出基本合格的个人简历，但对于个人简历的理解和良好表达方式的运用还存在较多问题。

65～70 分：具有较好的个人简历写作能力，写出的个人简历能够较好地体现求职者的相关资历。

75～90 分：优秀的个人简历写作能力，能够有意识地提高个人简历的针对性且具有出色的措辞和编排能力。

90 分以上：能够拿到 90 分以上，说明你的个人简历写作水平非常优秀。

活动二　确定你的就业意向

请根据自己的实际情况，按照表 7-3 给出的选项进行填写，梳理自己的就业意向。

表 7-3　就业意向表

<table>
<tr><th>就业方向</th><th colspan="4">前三位选择</th><th>求职方向</th></tr>
<tr><td rowspan="3">行业</td><td colspan="4">1.</td><td rowspan="12">第一类求职方向：
行业：
企业：
职能：
地域：
第二类求职方向：
行业：
企业：
职能：
地域：
第三类求职方向：
行业：
企业
职能：
地域：</td></tr>
<tr><td colspan="4">2.</td></tr>
<tr><td colspan="4">3.</td></tr>
<tr><td rowspan="3">企业（可用具体公司代表）</td><td>国企类</td><td>公司 1</td><td>公司 2</td><td>公司 3</td></tr>
<tr><td>外企类</td><td>公司 1</td><td>公司 2</td><td>公司 3</td></tr>
<tr><td>民企类</td><td>公司 1</td><td>公司 2</td><td>公司 3</td></tr>
<tr><td rowspan="3">职能（可用具体岗位代表）</td><td>1.</td><td>岗位 1</td><td>岗位 2</td><td>岗位 3</td></tr>
<tr><td>2.</td><td>岗位 1</td><td>岗位 2</td><td>岗位 3</td></tr>
<tr><td>3.</td><td>岗位 1</td><td>岗位 2</td><td>岗位 3</td></tr>
<tr><td rowspan="3">地域</td><td colspan="4">1.</td></tr>
<tr><td colspan="4">2.</td></tr>
<tr><td colspan="4">3.</td></tr>
</table>

活动三　探索你的人生发展版图

当你看到中国地图时有什么感受？是否考虑将自己的人生与中国地图联系起来？

根据你对中国各个地区的了解，来安排一下不同地方在你人生中的位置（填写表 7-4）。这个地方，可以是你父母出生的地方，也可以是你去过的地方，还可以是你喜欢的地方。总之，你要将这些地方安排在自己的一生计划里。到这些地方，你是去旅游、求学还是定居就看你的个人规划了。

表 7-4　行程安排表

序号	去哪个地方	什么时间实现	要去做什么	和谁一起去	现在的准备有多少	现在还有多少时间	下一步要怎么办
1							
2							
3							
4							

如果可能，你可以进一步对这些选定区域的地理位置、风土人情、文物古迹、经济发展、人文特点、人才需求等方面进行调研，进一步明确自己的区域选择。

活动四　情景模拟面试活动

活动目的：通过模拟面试的形式，帮助求职者对自身的职场竞争力进行全面评估。

场景设置：本次模拟面试将设置 3 个场景，由不同的面试侧重点组成。

角色安排：面试官、应聘者。

进行方式：一问一答式。

面试开始了，假设你进入一间窗明几净的办公室，宽大的办公桌后面坐着一位面试官，随即面试开始。

场景一

求职者：一位从事技术工作的女士

面试官：××（中国）人力资源部副总裁　李总

场景中，面试官是某公司的人力资源部领导，求职者是一位有工作经验的女士，面试过程虽然简短，但面试官几个问题就显示出本次面试的难度。假如你是求职者，你会怎样回答？

建议拿出一张纸，在纸上写下自己的答案，然后再对照表 7-5 中求职者的回答，看看自己的回答有哪些优缺点。最后，再结合面试官的点评，修正自己的答案。

表 7-5　面试过程的提问与回答（一）

面试官	求职者
问：你以前在哪里工作？	答：我在 AA 公司做技术支持。
问：你进入公司的目的是什么？	答：喜欢做技术支持，因为我具有这个能力。
问：你获得过哪些成绩？	答：我做过一个上海的方案。
问：周围的同事、朋友是如何评价你的？	答：待人诚恳。 反问：您问我这个问题的目的是什么呢？
答：考察你在工作中的沟通能力……做技术支持的，当然应该有技术方面的能力，但合作是最重要的一点。	

面试官点评：这位求职者很敏锐，但作为求职者不应该反问面试官提出问题的目的。如果为了显示主动性，可以在最后问问面试官自己在以后的面试中应注意什么。在回答自己获得过哪些成绩时，应把自己最得意的成绩、做得最好的项目详细说出来，不能只用一句话概述，这样不仅不会令人信服，而且印象也不会深刻。

场景二

求职者：应聘××网销售人员的一位男士

面试官：××网 CEO　王总

场景二的面试官是××网的 CEO，求职者是一位男士。这位面试官依然是简单几个问题，但句句都带有目的性。假如你是求职者，你会怎样回答？

建议拿出一张纸，在纸上写下自己的答案，然后再对照表 7-6 中求职者的回答，看看自己的回答有哪些优缺点。最后，再结合面试官的点评，修正自己的答案。

表 7-6　面试过程的提问与回答（二）

面试官	求职者
问：请用三句话来介绍和评价自己。	答：①干劲冲天；②业绩显著；③善于合作。
问：五年内对自己制定的目标是什么？	答：做一个职业经理人。
问：对我们公司了解吗？	答：我以前使用过这个网，感觉该网站是人力资源网站里做得最好的。

面试官点评：第一个问题主要测试求职者的表达能力和思维能力；第二个问题主要测试求职者做事的目的性；第三个问题主要了解求职者对公司是否真正了解、真正感兴趣。如果了解这个公司，就可以在面试中变被动为主动，不用了解很深，只要在面试中表现出对这个公司的兴趣就可以了。需要注意的是，面试时不紧张是好的，但也不能自由得无拘无束。

场景三

求职者：某高校毕业生

面试官：××网络技术有限公司亚太区经理　赵总

场景三的面试官是某公司亚太区经理，求职者是某高校毕业生。在这个场景中，求职者是一名刚毕业的大学生，面试官单刀直入，第二个问题就是实操问题。假如你是求职者，你会怎样回答？

建议拿出一张纸，在纸上写下自己的答案，然后再对照表 7-7 中求职者的回答，看看自己的回答有哪些优缺点。最后，再结合面试官的点评，修正自己的答案。

表 7-7　面试过程的提问与回答（三）

面试官	求职者
问：你应聘什么职位？	答：技术支持。
问：假如现在有一个 10 人的软件项目，因为资金问题，预算要减掉一半，但领导还要求做得更好。如果是你，该怎么办？	答：最重要的是企业的文化和人情味。朋友对我的评价是有困难的时候总喜欢找我。假如我作为一个项目的负责人，我可以通过自己影响他们，我相信他们会支持我在这种情况下做好项目的。

面试官点评：预算减掉一半，你没有说不能做，说明你有一定的能力，但从你的回答很难看出你的过人之处。我对你的印象是人情味浓，关心下属。比如，你可能不会因为预算减半而裁员，但可能对资金并不是很敏感。其实，更好的回答应该是："领导，我可以做得更好，但我是否可以帮助您先解决那个使项目预算要减掉一半的危机？"至于具体如何去做，应该和你的领导去商量。

第八章 职业发展初期角色转换与心理调适

案例导读

从一名工科生到人力资源经理的职场成长之路

江某，2009 年毕业于江汉大学物理与信息工程学院通信工程专业。毕业后，她经历了择业的迷茫、职场的困惑……

择业的迷茫——自己适合做什么

江某跨专业考研失利后，她选择来上海找工作，本以为凭借自己的文凭及大学期间的兼职经验可以找到一份不错的工作，但却一次次碰壁。能够接受她的多半是一些销售类工作，可她知道这都不是自己想要的。她想进大公司，憧憬着在高大上的写字楼里办公。面对择业的压力与迷茫，她变得焦虑不安，并开始自我反思自己到底适合做什么。她冷静分析了自己的优势，觉得自己亲和力较强、文笔较好，适合从事文书类的工作，故将求职目标定为人力资源及行政类工作。随后，她根据求职目标重新修改了自己的个人简历。那时，企业都招募管理培训生，对专业要求不严，学习发展机会多。经过几次简历投递后，她成为国美电器集团上海永乐分部的一名管理培训生，这也为她之后的人力资源职业生涯奠定了基础。

职场的困惑——自己该如何提升自身价值

2013 年 2 月，她开始了在永乐电器的实习之旅。初入职场，兴奋与期待总是很多，国美电器集团的每一名管理培训生毕业之前都要经历门店岗位的轮岗工作，轮岗结束后再根据述职考评结果确认留任岗位。为了毕业后能去总部职能部门工作，她在门店积极表现，主动协助店长开展相关工作并学习门店品类知识。在为期 5 个月的实习中她表现突出，最终在述职定岗大会中被 3 个职能部门经理选中，并如愿入职人力资源部。然而，入职后并不如想象中的美好与顺利，入职后她忙于做同事交代的琐碎杂事，空闲下来也不知道自己该干什么，找不到工作的方向与意义，她意识到作为一名职场新人急需快速认清自己的发展定位。

由于对人力资源职业的兴趣，她开始利用空闲时间自学人力资源模块知识，从最基本的劳动法到招聘简历筛选技巧，每接触一个模块的工作，她就学习相关的理论知识。为了提升日常工作效率，她又自学 Excel 技能，对现有工作表进行优化，得到领导好评。后来，她进入薪酬组担任薪酬专员一职。随着工作的日积月累，她意识到作为一个非科班出身的人力资源职员来说，做好事务性工作是远远不够的，她开始给自己制定职业发展方向，查询各类专业证书考试资质，为的是让自己在几年后更有价值。2014 年 11 月，她报考并通过了国家人力资源管理师三级，这也成为她职业生涯发展的一块跳板。因工作模块及发展空间受限，为了锻炼自己人力资源各个模块的综合实力，2015 年 3 月她跳槽入职真功夫餐饮管理有限公司，担任华东市场总部薪酬福利主管一职。2017 年 5 月，她报考并通过了国家人力资源管理师二级，拿到了通往人力资源职业更高职位的敲门砖。2018 年 4 月，她跳槽入职新城控股集团旗下影院公司，担任区域人力资源经理一职，为自己的全模块发展打下基础。

（资料来源：根据江汉大学学生案例改编。）

第一节　求职压力评估

一、大学生面临的求职压力

随着社会的发展，如今的高校毕业生已不是天之骄子，当他们面临毕业时，就要面临求职压力。尤其是在就业形势日益严峻的今天，多数大学毕业生就业时都会遇到一些挫折和困难。那么，大学毕业生面临的求职压力有哪些呢？

（一）面临的外部求职压力

大学毕业生面临的外部求职压力包括经济发展情况、产业结构变化、人口结构变化等方面。随着高校招生规模的扩大和毕业生人数的增加，大学生总体就业形势面临新的情况和挑战，社会可提供的就业岗位及薪资与大学生的期望存在差距。另外，就业市场不完善、人才市场不规范、高校体制存在弊端、培养的人才不适应社会发展的需求等都是大学生在求职时面对的客观压力。

（二）面临的内部求职压力

大学毕业生面临的内部求职压力包括职业能力评估压力、专业竞争分析压力、自我认知与规划、就业心理预期等方面。

职业能力评估压力是指大学生在评估自我职业素养与就业职位匹配度时而产生的压力。

专业竞争分析压力是大学生对所学专业就业前景持有的态度，是就业压力高低判别的主要外在指标。若他们消极对待所学专业，将专业就业面窄、就业机会少等负面思想扎根心底，就会感受较大的压力。

自我认知与规划是指大学生从职业兴趣、职业个性及职业方向和目标等角度深刻剖析自我，从而完善职业生涯规划。换句话说，大学生若对自我就业喜好存在模糊性，那么求职时就会面临较大的压力。

就业心理预期是指大学生对自己初就业职位、薪酬及人生价值实现的主观愿望。这种期望价值越不符合实际，所呈现的就业压力就越大。

二、PSTR心理压力测试表

适度的压力可以激发自己的潜力，使心理得到锻炼而变得强大，但过度的压力则会引起心理和生理的异常反应，导致疾病的产生。人们所承受的压力适当与否可以通过PSTR 心理压力测试表来进行测试。PSTR心理压力测试表由瑞士心理学家爱德沃兹于1983年编制，以德国心理学家穆瑞在1968年提出的心理压力因素理论为基础。

测试开始：请根据自己的情况选择答案（表8-1），不要在每道题上花太多时间考虑。做完测试之后把总分加起来，对照后面的评定标准，看看自己处于哪个压力范围。

选项分值：A（总是）4分；B（经常）3分；C（有时）2分；D（很少）1分；E（从未）0分。

表8-1 PSTR压力测试表

题目	总是	经常	有时	很少	从未
1. 受背疼之苦	A	B	C	D	E
2. 睡眠不足且睡不安稳	A	B	C	D	E
3. 头疼	A	B	C	D	E
4. 额部疼痛	A	B	C	D	E
5. 若须等候，会感到不安	A	B	C	D	E
6. 后颈感到疼痛	A	B	C	D	E
7. 比多数人更容易紧张	A	B	C	D	E
8. 很难入睡	A	B	C	D	E
9. 感到头部发紧或疼	A	B	C	D	E
10. 胃不好	A	B	C	D	E
11. 对自己没有信心	A	B	C	D	E

续表

题目	总是	经常	有时	很少	从未
12. 对自己说话	A	B	C	D	E
13. 担心财务问题	A	B	C	D	E
14. 与人见面时感到窘迫	A	B	C	D	E
15. 担心发生可怕的事	A	B	C	D	E
16. 白天觉得累	A	B	C	D	E
17. 下午感到喉咙痛，但并非感冒所致	A	B	C	D	E
18. 心里不安，无法静坐	A	B	C	D	E
19. 感到口非常干	A	B	C	D	E
20. 心脏有毛病	A	B	C	D	E
21. 觉得自己非常无用	A	B	C	D	E
22. 吸烟	A	B	C	D	E
23. 肚子不舒服	A	B	C	D	E
24. 觉得不快乐	A	B	C	D	E
25. 流汗	A	B	C	D	E
26. 喝酒	A	B	C	D	E
27. 很自觉	A	B	C	D	E
28. 觉得自己像四分五裂了	A	B	C	D	E
29. 眼睛又酸又累	A	B	C	D	E
30. 腿或脚抽筋	A	B	C	D	E
31. 心跳加速	A	B	C	D	E
32. 怕结识人	A	B	C	D	E
33. 手脚冰冷	A	B	C	D	E
34. 便秘	A	B	C	D	E
35. 未经医生处方乱吃药	A	B	C	D	E
36. 发现自己很容易哭	A	B	C	D	E
37. 消化不良	A	B	C	D	E
38. 咬手指	A	B	C	D	E
39. 耳朵有嗡嗡声	A	B	C	D	E
40. 小便次数多	A	B	C	D	E
41. 有胃溃疡的毛病	A	B	C	D	E
42. 有皮肤方面的毛病	A	B	C	D	E

续表

题目	总是	经常	有时	很少	从未
43. 咽喉很紧	A	B	C	D	E
44. 有十二指肠溃疡的毛病	A	B	C	D	E
45. 担心工作	A	B	C	D	E
46. 有口腔溃疡	A	B	C	D	E
47. 为琐事忧虑	A	B	C	D	E
48. 呼吸浅促	A	B	C	D	E
49. 觉得胸部紧迫	A	B	C	D	E
50. 很难做出决定	A	B	C	D	E

评定标准：低于 43 分表示压力很小，43～65 分表示压力适中；高于 65 分表示压力过大，需要适当调整。

具体标准：

93 分以上：分数值在这个范围表示你处于高度应激反应中，身心遭受压力伤害，你需要专业心理治疗师给予一些忠告，帮助你削减对压力的知觉，并帮助你改良生活的品质。

82～92 分：分数值在这个范围表示你正在经历太大的压力，身心健康正在受到损害，并令你的人际关系发生问题。你的行为会伤害自己，也会影响他人。因此，对你来说，学会如何减除自己的压力反应是非常必要的。你可能必须花时间做练习，学习控制压力，也可以寻求专业的帮助。

71～81 分：分数值在这个范围表示你的压力程度中等，可能正开始对健康产生不利影响，你可以仔细反省自己面对压力如何做出反应，并学习在压力出现时控制自己的肌肉紧张，以消除生理激活反应。

60～70 分：分数值在这个范围表示你生活中的压力是适中的。偶尔会有一段时间压力太大，但你有能力去承受压力，并能很快恢复到平衡状态，因此对你的健康不会造成威胁。

49～59 分：分数值在这个范围表示你能够控制自己的压力反应，你是一个相当放松的人。你所遇到的各种压力没有对你造成威胁，所以你很容易与人相处，可以毫无畏惧地担任工作，也没有失去信心。

38～48 分：分数值在这个范围表示你对所遭遇的压力不以为意，好像并没有发生。这对你的健康不会有负面影响，但你的生活缺乏适度的兴奋，生活趣味有限。

27～37 分：分数值在这个范围表示你的生活比较沉闷，即使有趣的事情发生，你也很少做出反应。你必须多参加社会活动或娱乐活动，以增强你的压力激活反应。

16～26 分：分数值在这个范围表示你在生活中的压力较小。你可以在工作中更主动些，多参加社交、娱乐等活动。

第二节 大学生求职过程中常见的心理问题及调适方法

一、大学生求职过程中常见的心理问题

大学生在求职过程中，不可避免地会遇到困难、挫折和冲突。这些困难、挫折和冲突常常会引起心理障碍或心理疾病。大学生在求职过程中常见的心理问题如下。

（一）焦躁心理

大学生应克服择业心切、急于求成的思想，否则越急就越容易择业失败，而失败的体验又会强化沮丧和焦虑的情绪。因此，要客观地分析自己，合理地设定自己的求职目标，不应盲目地与他人攀比，更不应有从众心理，应尽量减少挫折，这样才会减轻焦虑。此外，还可以采取合理的情绪宣泄或放松的方法来减轻焦虑。宣泄是指将自己心中的忧虑、消极情绪向亲友倾诉（甚至可以在亲友面前痛哭一场），以达到缓和和消除消极情绪的目的。但是，宣泄时一定要注意场合、身份、气氛，注意适度，应是无破坏性的。

（二）自卑心理

泰戈尔有一句名言："你之所以感到巨人高不可攀，那只是因为你跪着。"许多事情别人能做到的，你经过努力一样能做到。因此，要消除自卑心理，至关重要的是要能够正确地评价自己，纠正过低的自我评价。

（三）自负心理

大学生求职时不能没有自信，但是自信过了头，就成了自负。自负的人不能客观地看待自己的优势，而是夸大自己的优势。因此，当心目中的高目标不能得到满足时，就会产生失望、挫折的心理。因此，克服盲目自信的核心是正确认识和评价自我。

（四）依赖心理

依靠他人的帮助，毕业生也可能会找到一份好工作，但从长远来看，依赖心理对毕业生的社会适应却是有害的。因为依赖心理会使人逐渐丧失自信、失去自我，不相信通过自己的努力会实现自己的目标。在当今竞争激烈的社会，自信心、自我效能感（相信通过自己的努力可以完成任务的自信程度）对于一个人的成功越来越重要。

（五）从众心理

适度的从众，即认为多数人的行为和意见是正确的而怀疑自己的判断，在一定程度上有助于人们遵从一定的规范，形成一致的行为，完成群体目标。但它的消极影响也不容忽视，因为它倾向于形成标准统一的行为模式，排斥与众不同。因此，有时会影响人们的创新精神，也不利于人们个性的发展。

在就业问题上，首先，克服从众心理就是要了解自己的价值观、弄清自己的条件（优势和劣势）、摆正自己的位置，根据自己的实际情况，形成脚踏实地的务实态度；其次，克服从众心理需要适当表现自己、做回自己，跨越“从众”的矮墙，告别平庸，走向卓越。

（六）自责心理

大学生首先要学会积极的思维方式，学会将负面思维转化为正面、积极的思维。例如，将“我为什么这么痛苦”转化为“为了解决问题，我现在可以做什么”“我怎样想和怎样做才最有利于问题的解决”；将“因为我找不到工作，所以别人看不起我，我闷闷不乐”转化为“我只是暂时没有找到工作，但是我要更加努力，因为只有这样才能改变现状，才能改变我在大家心目中的形象”。其次，求职目标应具有一定的灵活性。例如，在正确了解职业要求和自己特长的基础上，制定高、中、低 3 个档次的求职目标，并适时调整自己的求职目标，然后有针对性地投递简历和参加招聘会。

（七）嫉妒心理

首先，克服嫉妒心理的最好方法是提高自己的能力。有这样一个故事：一位教师在地上画了一条横线，问他的学生：“你怎样才能把这条横线变短呢？”学生用手把这条横线擦掉了一部分。教师摇了摇头，在旁边又画了条更长的线，说：“与这条线相比，刚才那条线就变短了，做人也如此啊。”学生明白了教师的用意，从此改掉了喜欢嫉妒别人的毛病。由此可见，要使自己比别人“长”，最好的办法不是把别人“擦短”，而是让自己更“长”。

其次，克服嫉妒心理还要学会与人协作。一个人的能力是有限的，有时应该承认自己技不如人，在向他人学习的同时，应该学会与人协作。

最后，克服嫉妒心理需要树立正确的竞争观，化嫉妒为动力。一个人在嫉妒别人时，总是注意别人的优点，却不能注意自己比别人强的地方，当有意识地注意自己比别人强的地方，就会使自己恢复心理平衡。总之，对别人产生嫉妒并不可怕，关键是要看自己能不能正视嫉妒，把嫉妒升华为成功的动力。

二、心理调适的作用与方法

（一）心理调适的作用

大学生在求职过程中，不可避免地会遇到困难、挫折和冲突。这些困难、挫折和冲突常常会引起心理障碍或心理疾病。心理障碍或心理疾病既不利于择业，也不利于身心健康，甚至还会影响整个人生。心理调适的作用在于帮助大学生在遇到困难、挫折和冲突时，能够客观地分析自我与现实，有效地排除心理障碍，从而使自己保持一种稳定的心态，能够客观地分析自我与现实，克服困难，达到如愿择业的目的。

（二）心理调适的方法

1. 宣泄法

宣泄法，又称为倾诉法，是指在求职过程中遇到困难、挫折和冲突时，将内心的痛苦倾诉和表达出来，以达到缓解心理压力的一种方法。在求职过程中碰壁时，会导致情绪低落，此时过分地压抑自己的情绪反而不妥，不妨把心中的委屈和不平尽情地倾诉出来。采用的具体方式有：①向家长、教师或朋友及时说出心中的感受。第三者的倾听、劝慰、分析、忠告对当事人情绪的改善能起到立竿见影的效果。②采取写日记的方式把积压在心中的苦恼写出来，或者以写信的方式向好友倾诉自己的苦恼和困惑。③找一个没有人的场所，通过自言自语的方式说出心中一直压抑的想法。④通过打球、爬山、游泳等运动方式进行宣泄，释放心里的消极情绪，以恢复心理平衡。

2. 转移法

求职碰壁，暂时的失利是痛苦的，此时减轻痛苦的有效方法是转移注意力，尽量把注意力放到自己感兴趣、较自信的其他活动中。如果长时间沉浸在择业失败的消极情绪中，对身心健康是非常不利的。此时，你可以：①参加体育活动，如跑步、游泳，或是约几个同学一起打篮球、踢足球，将烦恼抛到脑后；②听音乐，轻松舒缓的音乐可以消除疲劳、调节情绪；③看书、看电影电视、睡觉或其他休闲方式，也可以达到放松身心的目的。

3. 补偿法

当大学生在就业过程中不能达到目标而受到挫折时，可以用另一种目标来代替，通过其他活动来弥补心理创伤，驱散内心的忧愁和痛苦，以增强前进的信心和勇气。例如，没有考上公务员，可以提醒自己还有其他选择，如进企业、学校等。可以说，正是挫折给人们提供了反思的机会，使人们能够重新认识自己、评价自己，从不利中看到对自己有利的因素，扬长避短，走向成功。具体做法如下。

1）当求职失败后，迅速以另一目标来代替原来尝试失败的目标。在进行职业选择时，确定的职位目标不要太狭窄，要像填志愿一样，有第一、第二、第三志愿，这样在碰壁后才能进行下一步的应聘计划。例如，居里夫人在丈夫不幸去世后，想到的是丈夫生前说过的话："无论发生什么事情，人总得工作。"于是她控制住自己内心的悲痛，更加发奋地工作，终于成为两次获得诺贝尔奖的伟大科学家。大学生在一次求职失败后，要能更加积极主动地投入下一次的求职准备。

2）发掘自己的潜能，克服自身的弱点，实现自己的目标。例如，希腊曾有一位政治家因发音微弱和轻度口吃，使演讲受到影响，他下决心练习口才，把小鹅卵石放在嘴里练习讲话，面对大海高声呼喊。最终，他成为远近闻名的大演说家。求职者对于自己的不足，应当及时弥补，以提高就业竞争力，早日实现职业目标。

4. 松弛练习法

大学生在求职面试前要学会放松身心、舒缓紧张情绪。松弛练习法主要有以下几种。

1）呼吸放松法。呼吸放松法，又称为调息放松法，它简单易学，也非常有效。关键是将"胸式呼吸"变成"腹式呼吸"。具体方法是：在座位上舒服地坐好，身体后靠并伸直。然后开始长长地、慢慢地吸气，气沉丹田时要保持 2 秒钟，再轻轻地、慢慢地将气呼出。每天两次，每次 4～10 分钟。

2）想象放松法。想象放松法是通过对一些安宁、舒缓、愉悦情景的想象，以达到身心放松的目的，要尽量运用各种感官，观其形、听其声、嗅其味、触其柔……例如，你可以想象你独自在森林中漫步，踩在柔软的草地上，阵阵花香扑面而来，然后舒展全身、慢慢地做深呼吸，感到无比的轻松舒坦。每天可用 5～10 分钟进行练习。

3）其他。例如，音乐放松法、肌肉放松法等。值得注意的是，大学生在求职过程中若自我调节不能发挥作用时，应及时去寻求专业心理咨询人员的帮助，及时排解就业中的心理矛盾和冲突。

5. 角色扮演法

目前，角色扮演法已成为心理学领域公认的应用广泛而又有效的方法。它是将自己暂时置身于他人的社会位置，并以其要求的态度和方式行事，以增进人们对他人社会角色和自身原有社会角色理解的一种方法。

角色扮演法是培养耐挫折能力的一种好方法。大学生在面临就业挫折后，在教师的指导下可以扮演一些知名人士，体验一下他们在求职过程中曾经遇到的挫折，就能更好地理解他人面对挫折时采取的积极态度，体验他人在挫折情境中内心情感的转换。通过角色扮演活动，大学生可以不知不觉地在生动活泼的活动中掌握抗挫折技能，增强自身的耐挫折能力。

6. 自我激励法

自我激励法是指用生活中的哲理、榜样事迹或明智的思想观念来激励自己，同各种消极情绪进行斗争，坚信未来是美好的，勇敢地面对下一次机会。

据网上调查表明，有些大学生投出的求职简历多达百份，参加面试的次数平均每人5次以上，能一次成功者很少。因此，求职失败对于大学生来说是一种普遍现象。大学生在求职失败后，不要失去信心，而要冷静思考，寻找对策，把每一次失败看作是经验的积累。同时，要不断激励自己，相信“功夫不负有心人”“失败乃成功之母”。

三、建立个性化的心理调适方法

（一）了解自己

了解自己的兴趣、价值观、能力、性格、人格、期望、社会经验、身体素质等。大学生可以用5W分析法来帮助自己了解自己。

1）Who am I?（我是谁？）。它是指对自己有一个全面、客观、清醒的认识，如自己的专业、家庭情况、年龄、性别、性格、动手能力、思考能力等。

2）What I want to do?（我想做什么？）。它是指清楚自己想要做什么样的职业和过什么样的生活。

3）What can I do?（我会做什么？）。它是指清楚自己能干什么或者在哪些方面有发展潜力。这是对自己能力的考量，个人职业的定位必须以自身的实力、能力作为根基，而职业发展空间则取决于自身潜力的大小。

4）What does the environment allow me to do?（我周围的环境支持或允许我做什么？）。它是指通过对主观与客观因素进行深入调查，做可行性分析，这些分析既包括经济发展、政策、制度、职业空间、企业发展等客观因素，也包括朋友关系、社会人脉等主观因素。

5）What is my career and career planning?（我的职业与生涯规划是什么？）。它是指确立自己的最终职业目标。对这个问题的回答是建立在前4个问题基础之上的。

（二）关于自己的职业定位应注意的问题

1）讲求务实，不好高骛远。要从自我和环境的客观现实出发，全面权衡和处理个人发展与社会需求的关系、个人和求职单位的关系，兼顾主观和客观、长远利益和眼前利益。

2）恰当评估。对职业信息，如职业条件、要求、性质与自身条件的匹配情况进行评估和比较，选择条件更符合自己特长，自己更感兴趣，经过努力能很快胜任且有发展前途的职业。

3）不苛求完美。不存在十全十美的职业，因此不能过分挑剔，不要过分追求完美，只要主要方面适合自己就可以。

4）保持弹性。要根据自身或客观环境的变化，及时调整自己的目标。考虑问题要留有余地，让自己进退自如。转换职业时必须遵守人才流动的规则，依法保护自身的权益。

（三）选择适合自己的调适方法

大学生在面对求职压力时，要探索自我、增强自信，积极做好个人职业生涯规划，掌握情绪调剂的方法，通过实践提高职业素质，多与同学和朋友交流，提高挫折承受能力，必要时寻求专业辅导人员的帮助，并结合自身实际，有针对性地调整自己的就业心态和就业期望值。掌握自我心理调适的方法，建立符合自身实际的个性化的心理调适方法。

第三节 初入职场

一、学校和职场的差别

大学生告别校园，踏上新的工作岗位，意味着学习、工作、生活环境的转换，也意味着一个正式社会成员的产生，还意味着大学生拥有了一个全新的角色。

在大学生心目中，“母校情结”挥之不去，甚至部分大学生毕业之后仍然徘徊在校园里甘当“校漂族”。但是，学校始终是一个驿站，所有的大学生终究都要走向职场，成为社会人。学校生活与职场环境有很大差别，正是这些差别使得大学生难以进入“职业人”状态。

学校与职场的对比如表 8-2 所示。

表 8-2 学校与职场的对比

对比项目	学校	职场
人际环境	“熟人型”环境，同学与同学、同学与教师之间比较了解，人际关系简单	“陌生型”社会，除了同事之外，还有客户、其他相关社会人等
存在基础	同学之间、师生之间没有直接利益关系，是互助互利的短期结合	以利益往来和利益交换为存在基础，共同实现组织目标
核心目标	以教育为主要目标，培养和输送人才的非营利性活动	以创造经济价值为主要目标，开展商业等经济活动
具体要求	以个体学习为主，要求个人成长和取得好的学习成绩	以团队协作为主，要求获得组织业绩增长

二、学生和职业人的差别

（一）学生角色和职业角色

职业角色是指与人们的某种社会地位、身份相一致的一整套权利、义务的规范与行为模式，是人所处的相应社会关系的反映。不同的职业角色，有不同的行为规范和要求与其相对应。

就业以前，青年的社会角色常常是学生，社会就会以对学生的要求衡量和评价其行为；就业以后，青年的角色就是各种社会职业人员，社会就会以职业人员的行为规范和要求去衡量和评价其行为。

（二）学生角色和职业角色的区别

学生角色和职业角色的区别主要体现在以下几方面：任务不同、社会规范不同、社会权利不同、生存环境不同、人际关系不同、时间安排不同。

1. 任务不同

大学生是以学习为主要任务，同时还要学会做人、学会做事、学会与人相处，明确自己未来的发展方向，提高自己的能力和素质，为将来更好地适应社会打下良好的基础。

职业人的主要任务是依靠自己的本领或技能为雇主（社会或他人）服务，以完成工作来体现。职业人必须适应社会、服从管理，在工作中犯了错误，必须承担损失及相应的社会责任。

2. 社会规范不同

大学生是受教育者，社会对大学生的规范是从培养、教育的角度出发，促进其成为合格的人才。例如，怎样遵守国家的法律、法规，遵守学校的规章制度，怎样与人相处，怎样做人、做事等。社会对职业人的规范既具体又严格，违背了就要承担一定的社会责任甚至法律责任。

3. 社会权利不同

大学生的权利主要是依法接受教育，并取得经济生活的保障或资助。职业人的权利则是依法开展工作，并在履行义务的同时取得报酬。

4. 生存环境不同

大学生的生活节奏较慢，有寒暑假，自由支配的时间较长，生活压力也较小。职业人在职场上要面临的是：紧张的工作节奏和加班；没有寒暑假，自由支配的时间少；承受不同地域的生活环境和习惯；由于缺乏实际工作经验，开始工作时往往不能得心应手，感觉工作、生活压力显著增加等。

5. 人际关系不同

大学生的人际关系比较单纯，接触的主要是老师、同学，都具有较高的知识水平和文化素养。职场的人际关系相对于学校而言比较复杂，人的素质差异很大。

6. 时间安排不同

大学生的学习时间可以弹性安排，不是每天都排课。职业人有固定的时间安排，如朝九晚五，不能迟到、早退，有时工作任务又急又重，要加班加点。

三、初入职场可能面临的问题及解决方式

（一）大学生初入职场时可能面临的问题

1. 职业预期与工作现实存在落差

大学生在工作之前，对职场了解较少，常常对职场及自我产生过高的预期，如希望得到较高的薪水和较好的福利待遇、能够得到充分尊重与老板的重用、能够充分发挥自己的才能、工作环境优越等。然而在现实中，初入职场的大学生很难实现这些预期，有些预期几乎不可能同时满足。所以，现实与理想的落差容易使大学生对现实工作产生不满，导致对工作投入不够，总认为下一份工作会更好，所以频繁跳槽。

2. 知识技能与职场要求不匹配

大学与职场对知识能力的要求不同，大学主要是考核学生对知识的掌握能力，而职场要求的是对知识和技术的应用能力。如果大学生只掌握了书本知识，则与工作单位的要求是脱节的。麦可思公司关于“中国大学毕业生求职与工作能力调查报告”显示，大学生离校时掌握的知识能力水平普遍低于工作要求水平。也就是说，大学生的就业能力普遍与职场要求不匹配，大学生在面对实际工作时就会出现无法胜任、手足无措、难以适应的现象。

3. 对制度、规范与人际关系的不适应

大学与职场具有完全不同的制度与文化，大学毕业生很容易产生适应障碍。相对而言，大学的氛围比较宽容、民主、平等；而在职场，有很多制度和规范约束，很多大学毕业生出现对单位的制度和规范不适应。有的学生刚刚进入职场，面对新环境及不太熟悉的同事和领导，不懂得主动与周围同事“破冰”，去融入环境。还有的学生在与同事、上级的交往中，说话随心所欲，往往“祸”从口出，从而使人际关系陷入困局。

（二）大学生面对初入职场问题的解决对策

大学生面对初入职场的种种问题，掌握解决的对策非常重要，可以从以下几方面着手。

1. 积极调整工作心态

首先，要适当调节心理预期。如果心理预期过高，则会增加内心的失落感，因此平时要多给自己一些积极的暗示，告诉自己凡事都要循序渐进，不要着急。其次，要放低姿态，从基础工作做起，不断积累工作经验。在职场的每一种经历都是很好的学习机会，都会帮助自己快速成长，积累工作经验。最后，正确面对工作中的挫折。遇到挫折时，不能就此放弃，而要用冷静的态度分析失败的原因，要用乐观的心态去面对困难，吸取经验教训，努力争取新的机会。

2. 建立和谐的人际关系

一个人在事业上的成功，除了靠专业技能之外，还要靠人际关系和处事技巧。对于初入职场的大学生来说，面对陌生的环境，首先就是要礼貌地与人交往、主动地与人沟通，缩短与周围同事之间的距离，尽快地融入集体和团队中；同时，在沟通时要做到实事求是，真心诚意。

3. 做好职业生涯规划

大学生进入职场后，一定要确定自己的奋斗目标，详细规划自己的职业生涯。有了目标和规划，才会有努力的方向和动力，才不会对自己的未来感到迷茫。在进行职业生涯规划时，切忌好高骛远、不切实际，而要客观地衡量自身的能力，制定切实可行的职业生涯规划。

第四节　职场人际关系管理

一、做好步入社会的心理准备

大学生要尽快做好步入社会的心理准备，增强自己适应社会的能力，需要从以下几方面着手。

1. 正确认识和了解社会现实

在市场经济体制形成的过程中，新旧观念激烈碰撞、多种经济成分和多种分配方式并存等，必然会导致思想倾向、价值观呈多元化发展。因此，大学生必须正视社会现实，在步入社会之前，要有迎接各种挑战的心理准备。只有这样，才不至于踏入社会时茫然而不知所措。

2. 培养自信心，提高自身实力

面对职场生活，不要因环境陌生而感到孤独，不要因条件艰苦而感到失落，不要因单位人才济济而感到畏惧，而要时时保持心理平衡。步入职场避免不了会竞争，竞争的背后往往是实力的较量，即素质、能力、才学、品质等方面的较量。这就需要一如既往地努力学习，提高自身的能力和素质，在竞争中求适应、求生存、求发展、求完善。

3. 从基层工作开始

大学生毕业以后，多数人都将从事基层工作。在基层，大量的工作是平凡和琐碎的，这往往与大学期间的想法有很大的差距。这就要想到，任何工作都要从点滴做起、从基础做起。因此，大学毕业生既要有到基层工作、在基层吃苦的思想准备，更要有从基层做起、在基层创出一番事业的愿望和抱负。

二、克服不良心理

1. 沉默寡言，性格内向

具有这种性格的人，不愿意主动与人交往，容易给人高傲、冷漠、难以接近的感觉，所以很难引起别人与你交往的兴趣。这样，你与同事之间的关系就会疏远。因此，要克服这种不良心理就要主动与同事交流，做一个自信的人，微笑面对每个人。

2. 多疑，自我保护意识过强

具有这种心理的人不够成熟，缺乏安全感，常常觉得自己容易受到别人的伤害，而把注意力集中在对外界的防卫上。你不信任别人，别人也难以信任你。没有信任就难以建立良好的人际关系。因此，要克服这种不良心理就要多与别人坦诚交流，学会信任别人。

3. 心胸狭窄，嫉妒心重

具有这种心理的人，容不得别人比自己强，当别人比自己强时就心理不平衡。这种不平衡往往反映在言谈举止中，不知不觉中就断送了友谊。因此，要克服这种不良心理就要拓宽自己的心量，不要对别人心存敌意，要与人为善，提高自身修养等。

4. 狂妄自大，瞧不起别人

具有这种心理的人容易引起别人的反感。你对他人尊重、友好，会引起他人的积极情绪，并以同样的态度回报；反之，则会使你与同事之间的距离拉大，不利于职场人际关系的建立。因此，要克服这种不良心理就要以谦虚为本，要知道“三人行，必有我师”“人外有人，天外有天”，要尊重别人，这样才能与人和谐相处。

三、建立良好人际关系的方法

1. 尊重他人

尊重包括尊重自己和尊重他人。尊重自己就是在各种场合自尊自爱，维护自己的人格。尊重他人就是尊重他人的人格、习惯与价值观，承认人际交往双方的平等地位。

尊重是相互的，只有尊重他人的人，才能得到他人的尊重，也才能谈得上自尊。人际关系并不像有些人想象的那么复杂，工作中只要做到尊重领导、同事、客户和合作伙伴，就能形成和谐、愉悦的工作氛围，建立和谐的人际关系。

2. 平等待人

人们在职务、能力、才学、气质、性格等方面的差别是客观存在的，但在人格地位上是平等的。在工作单位，应当以平等的态度对待同事。不要以职务的高低、权力的大小来决定对待同事的态度；不要亲近一部分人，而故意疏远另一部分人；不要认为某人对自己有用就打得火热，某人暂时无用就避而远之；不要见了领导就低三下四、满脸堆笑，见了同事就置之不理、冷若冰霜；不要拉帮结派，搞小团体，而应该注意对领导和同事一视同仁，尽力与所有同事发展平等互助的友好关系。

3. 诚实守信

诚实就是真心实意，实事求是，表里如一，不虚情假意，不口是心非，不当面一套，背后一套。诚实是做人的基本要求，也是建立良好人际关系的重要条件。守信，就是恪守信用，言行一致，说到做到，不做语言的巨人、行动的侏儒。在人际交往中，只有诚实守信，才能相互理解、接纳、信任，在感情上才能引起共鸣，使交往得到巩固和发展。

4. 律己恕人

律己，就是要严格要求自己，以各种道德规范和行为准则来严格要求自己。恕人，就是宽以待人，宽厚包容。在人际交往中，即使确立了平等友好的关系，也仍存在着矛盾和许多不和谐的地方，这就要求我们要正确对待自己和他人，坚持以严格的规范要求自己，以宽容的态度对待别人，这样才能建立和谐的人际关系。不利于团结的话不说，不利于团结的事不做，不挑拨是非，不猜疑嫉妒，堂堂正正做人，踏踏实实做事。

四、处理好职场人际关系

任何一个职业人，在工作单位与同事相处的时间往往比与家人在一起的时间还要长，而领导直接管理和评价下属的工作，对下属的职业发展和职位升迁有一定程度的裁决权，所以处理好与领导和同事之间的关系是十分重要的。

1. 与领导相处

不要只为“套近乎”“留好印象”而与之交往，而要以建立正常的工作关系为目的。对领导既要尊重坦诚、实事求是，又要不卑不亢、交往得当。对领导讨好献媚，不但有损于人格，而且会引起同事的反感和厌恶；但对领导敬而远之，我行我素，或冷眼相对也是不应有的态度。在任何时候，都要想到将工作干好，在工作方面与领导形成共识，学会保持与领导同步。工作中，对领导安排的工作要兢兢业业，努力完成，这样才能与领导建立良好的关系。

此外，还要注意维护领导的权威，愿意接受领导的批评指正。对同一单位的领导，不要有亲疏远近之分，都应当尊重。

2. 与同事相处

大学生初入职场，在与同事相处过程中，要以诚相待，互相支持，要坦然承认自己的不足，以期得到帮助。在日常工作中，要注意培养自己与同事之间的感情，把自己看成他们中的一员，与他们保持步调一致，多听取和接受他人的意见，时间久了，你就能获得他人的接纳和支持，相处就会融洽起来。同事之间难免会发生一些纠葛、摩擦，甚至冲突，对此要冷静而友善地处理，要敢于承认错误，承担责任，接受批评，切忌尖酸刻薄，背后损人。对同事在工作、生活中遇到困难，应给予同情、关心和行动上的帮助，以促进同事间的友好关系。

训练活动

活动一　自我心理调适练习

在这个练习中采用 0～10 分的指数评分法。请根据自己的具体情况对以下问题分别标出相应的指数，并根据相应的要求完成每一个测试。

1. 遇到困惑时我的态度

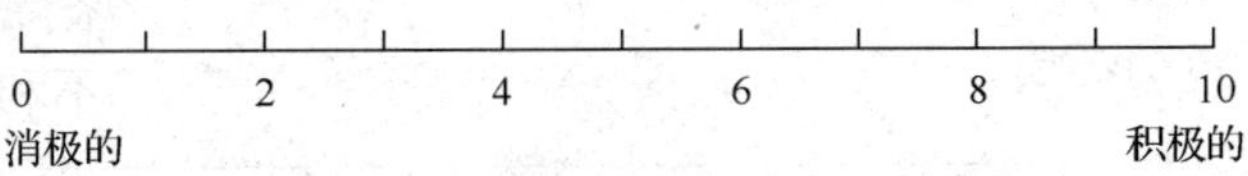

1）如果不是 10 分，我距离 10 分的差距是什么？

____

2）这种差距在我的日常生活中的表现是什么？

____

3）这些表现通常是如何影响我的生活及目标实现的？

____

4）为了弥补这些差距，我的行动计划是：

____

2. 我的心情

0　2　4　6　8　10

郁闷　　　　快乐

1）如果不是10分，我距离10分的差距是什么？

____

2）这种差距在我的日常生活中的表现是什么？

____

3）这些表现通常是如何影响我的生活及目标实现的？

____

4）为了弥补这些差距，我的行动计划是：

____

3. 我的人际关系

0　2　4　6　8　10

不和谐　　　　和谐

1）如果不是10分，我距离10分的差距是什么？

____

2）这种差距在我的日常生活中的表现是什么？

____

3）这些表现通常是如何影响我的生活及目标实现的？

____

4）为了弥补这些差距，我的行动计划是：

____

4. 我对大学生活的感受

0　2　4　6　8　10

空虚　　　　充实

1）如果不是10分，我距离10分的差距是什么？

____

2）这种差距在我的日常生活中的表现是什么？

____

3）这些表现通常是如何影响我的生活及目标实现的？

4）为了弥补这些差距，我的行动计划是：

5. 我的学习态度

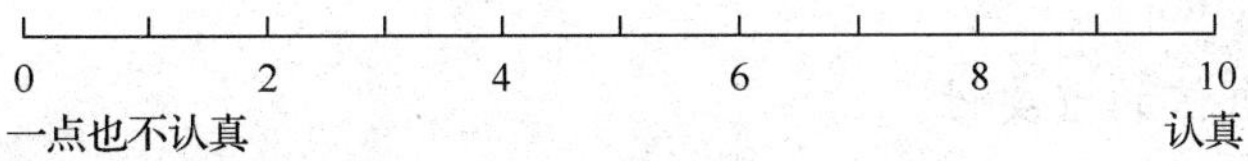

1）如果不是10分，我距离10分的差距是什么？

2）这种差距在我的日常生活中的表现是什么？

3）这些表现通常是如何影响我的生活及目标实现的？

4）为了弥补这些差距，我的行动计划是：

（资料来源：崔爱惠，张志宏，刘铁群，2017. 大学生职涯发展与就业指导实训教程[M]. 北京：现代教育出版社。）

活动二　上班第一天的准备

找到一份实习工作，上班第一天，你准备如何适应职场环境，如何表现自己呢？

上班第一天，我准备……

穿着要做到：

衣服：

鞋子：

仪容：

和同事相处要注意：

和领导相处要注意：

一天的时间管理：

一天的任务管理：

____

____

活动三　自信是最重要的广告

1. 活动目标

1）了解树立自信的重要性。

2）提出培养自信的方法，通过活动体会其意义。

2. 活动组织

1）暖身活动：面对面。

组织者将所有人排成两个同心圆，随着歌声同心圆转动（内、外圈的旋转方向相反），歌声一停，面对面的两人彼此握手，歌声起时，活动继续进行。

2）讲述罗森塔尔效应。

第一步：组织者向同学们讲述罗森塔尔效应。

第二步：讨论。为什么老师认为某些同学是聪明的，结果这些同学果然就变聪明了呢？

3）消除自卑，建立自信。

第一步：组织者讲述培养自信的方法。例如，抬头挺胸、面带微笑、大声讲话。

第二步：训练活动。

① 目光炯炯。

在学习培养自信的方法后，组织者要求每两人为一组对坐，目光对视1分钟，轮流说出自己的一个优点，态度要肯定，大声说三遍。

讨论：说优点时，每一遍的感觉有什么不同？

② 假如我是雇员。

想象这样一个情境：一位雇员找到老板要求升职，老板问："你怎么敢提这个要求？"假如你是这位雇员，你会以什么样的方式提出升职这一要求，又该怎样回答老板的问题？

请同学们两人一组分别扮演雇员和老板的角色，要求第一次老板是接受的态度，第二次老板是不接受的态度。

3. 活动总结

在说优点时，每一遍的感觉有什么不同？

（资料来源：佚名，2017. "超越自卑"团体辅导计划书[EB/OL]. https://max.book118.com/html/2017/0408/99463151.shtm，略有改动。）

活动四 与人相处能力测试

这是一份大学生人际关系行为困扰的诊断量表，一共有 28 个问题，请你根据自己的实际情况，在每题后的括号中做“是”或“否”的回答。为了保证测验的准确性，请你认真作答。

1）关于自己的烦恼，有口难开。（ ）

2）与生人见面感觉不自然。（ ）

3）过分地羡慕和嫉妒别人。（ ）

4）与异性交往太少。（ ）

5）对连续不断的会谈感到困难。（ ）

6）在社交场合，感到紧张。（ ）

7）时常伤害别人。（ ）

8）与异性交往感觉不自然。（ ）

9）与一大群朋友在一起，常感到孤寂或失落。（ ）

10）极易受窘。（ ）

11）与别人不能和睦相处。（ ）

12）不知道与异性交往如何把握好分寸。（ ）

13）当不熟悉的人对自己倾诉他（她）的生平遭遇以求同情时，自己常感到不自在。（ ）

14）担心别人对自己有什么坏印象。（ ）

15）总是尽力使别人欣赏自己。（ ）

16）暗自思慕异性。（ ）

17）时常避免表达自己的感受。（ ）

18）对自己的仪表（容貌）缺乏信心。（ ）

19）讨厌某人或被某人所讨厌。（ ）

20）瞧不起异性。（ ）

21）不能专注地倾听。（ ）

22）自己的烦恼无人可倾诉。（ ）

23）受别人排斥，感到冷漠。（ ）

24）被异性瞧不起。（ ）

25）不能广泛地听取各种意见和看法。（ ）

26）自己常因受伤害而暗自伤心。（ ）

27）常被别人谈论、愚弄。（ ）

28）与异性交往不知如何更好地相处。（ ）

计分标准：

选择“是”的得1分，选择“否”的得0分。

结果解释：

如果你的总分在0～8分，说明你在与朋友相处上的困扰较少。你善于交谈，性格比较开朗，主动关心别人。你对周围的朋友都比较好，愿意和他们在一起，他们也都喜欢你，你们相处得不错。而且，你能从与朋友的相处中，得到许多乐趣。你的生活是比较充实而丰富多彩的，你与异性朋友相处得也很好。一句话，你不存在或较少存在交友方面的困扰，你善于与朋友相处，人缘很好，能获得许多人的好感与赞同。

如果你的总分在9～14分，说明你与朋友相处存在一定程度的困扰。你的人缘一般。换句话说，你和朋友的关系并不牢固，时好时坏，经常处在一种起伏之中。

如果你的总分在15～19分，说明你与朋友相处的困扰比较严重。

如果你的总分超过20分，则表明你的人际关系困扰程度很严重，而且在心理上出现较为明显的障碍。你可能不善于交谈，也可能是一个性格孤僻的人，或者有明显的自高自大、讨人嫌的行为。

（资料来源：佚名，2014. 大学生人际交往心理测试[EB/OL]. https://wenku.baidu.com/view/582a794e03d8ce2f006623ea.html，略有改动。）

第九章 职业技能提升

案例导读

在工作中提升职业技能

单某，江汉大学机建学院汽车服务工程专业 2005 级学生，在校期间曾获得学院奖学金、优秀团员称号等，其所在班集体曾获得“优秀班集体”称号。2009 年毕业后就职于哈金森（武汉）汽车橡胶制品有限公司，工作过程中勤勤恳恳、兢兢业业，表现出色。

单某 2009 年任哈金森公司高压管路车间的生产技术员，他每天都待在车间，与一线工人一起学习工作，讨论现场问题，寻求解决方案，对量产项目的工艺过程进行了大规模优化，并首次在车间范围内普及标准化操作。由于表现突出，他被调往设备部门，负责设备管理工作，他利用自己的英语优势，认真钻研并掌握车间内多个进口设备的操作和检修知识，建立较为完善的设备维护体系，使设备的使用效率得以优化。

由于多年的优异表现，他不断得到晋升机会：2012 年任低压管事业部工艺主管。2013 年任流体传输系统 PA 车间工艺的生产经理，先后带领生产和工艺团队连续 3 年超额完成 KPI 指标；主导戴姆勒、宝马、通用、福特、菲亚特-克莱斯勒和沃尔沃等客户新项目的顺利量产。2015 年任流体传输系统塑料管事业部的工艺经理，先后主导数字化“智能工厂”项目，并将该自动化生产线建立成集团的标杆；主导的工装标准化采购项目，每年节约公司 26%的工装采购成本；代理沈阳分厂营运经理期间，带领团队顺利通过宝马客户的审核，顺利量产客户所需的新产品。一路走来，不乏艰难险阻，但他始终把工作放在第一位，勤勤恳恳，任劳任怨，为自己的事业打下坚实的基础，同时也打造出一支作风顽强、工作认真的团队。

2017 年 8 月，单某决定去中欧国际工商学院攻读工商管理硕士，目前正在法国巴黎高等商学院进修。他希望回到校园继续丰富自己的商业和管理知识，与自己多年的工作经验和感悟相结合，使自己能够开阔眼界，并与全球各地的精英一起学习，同台竞技，为自己营造更为广阔的发展空间。

（资料来源：根据江汉大学学生案例改编。）

第一节 团队合作

一、团队合作的意义

在企业中，团队合作的工作方式可以提高企业的凝聚力，是增强企业核心竞争力的重要条件。团队合作要发扬团队精神，团队精神就是大局意识、协作精神、服务精神的集中体现。团队精神要求团队成员有统一的价值观和共同的目标，且团队成员之间能够高度信任、相互协作，能自觉认同肩负的责任，并愿意为达到共同目标而持续努力。团队合作的主要作用如下。

（一）目标导向功能

企业培养员工的团队精神，就是让员工“心往一处想，劲往一处使”，能相互协作，朝着一个目标努力。对于个体而言，团队的目标就是自己努力的方向。团队整体目标要分解成各个小目标，要将对应每个小目标的具体任务分配到具体的团队成员，让每个成员完成具体的工作任务。

（二）凝聚功能

任何企业都需要具备高度的凝聚力。传统的管理方式是通过组织系统自上而下的行政指令实现对员工的管理，这种管理方式忽视了员工的个人情感和心理需求，而团队精神重视的是团队意识的培养，通过员工在长期实践中发挥团队精神，使团队成员对企业产生归属感，形成强大的凝聚力。

（三）激励功能

团队精神也需要员工在团队协作中实现自身的进步，即促使团队中每个成员向团队中最优秀的成员看齐。因为员工之间的正常竞争可以发挥团队的激励作用，这种激励作用不仅仅停留在物质层面，更反映在精神层面，每个团队成员都力求获得团队的认可，获得其他成员的尊重。

（四）控制功能

团队中每个成员的个体行为都需要控制，群体的行为也需要协调。团队精神产生的控制功能，能促进团队内部形成一种源于价值观认可的精神力量，构建积极向上的良好氛围，而这种精神力量、良好氛围将给予团队成员约束，从而规范和控制个体的行为。这种控制不是自上而下强制性的，而是以软文化的方式规范和引导，由强制性的制度措施向软性控制转变，从控制团队成员的短期行为向控制团队成员的长期价值观和长期目标转变。因此，这种控制更具备可持续性。

二、团队精神的培养

作为团队中的一分子要具备良好的团队精神，必须注重以下能力和品质的培养。

（一）培养表达与沟通能力

表达与沟通能力是非常重要的，不论你的工作多么优秀，不会表达与沟通，就不能让更多的人去理解和分享。例如，在一场比赛中，不论是竞赛选手，还是裁判、评委、主办方，都需要重视团队成员之间的交流与合作，才能使整个比赛获得成功。

（二）培养主动做事的品格

任何人都渴望获得成功，但是成功不是等出来的，而是脚踏实地做出来的。任何团队成员都不能被动地去等待别人告诉你要干什么，应该主动了解团队目标，知道自己要做什么，然后做好周密的规划和部署，全力以赴地达成目标。

（三）培养敬业精神

团队成员要具备良好的敬业素养、高度的敬业精神，要将团队中的事情当作自己的事情，并保持高度的责任心来完成任务，如此才能发挥自己的优势，才能更好地实现目标。

（四）培养宽容与合作的品质

很多人不能取得成功的原因是忽视了人与人之间的合作。虽然有些人具备良好的动手能力，也具备良好的职业素养，但是他们忽视了人与人之间的合作。例如，当自己的想法与别人不同时，不是寻求两种意见的和平共处，而是固执己见；有些团队成员在谈到自己同事时，没有以客观的态度去看待，总是挑剔同事存在的缺点；等等。事实上，团队中的每一个成员都有自己擅长的部分，也有不擅长的部分，关键是以怎样的态度去看待，如何发现他人的优点，而不是挑剔缺点。因此，培养团队成员求同存异的品质，对团队的发展至关重要。这需要在日常工作和生活中，能以良好的心态与他人和平共处，学会为人处世之道。

（五）培养大局意识和全局观念

良好的团队精神不要求团队成员个性张扬，而需要团队成员的个性与团队的目标保持一致。团队成员要具有大局意识和全局观念，既能考虑团队的内在需求，又要与其他团队成员和平共处，相互帮助、相互配合，共同为团队目标而努力。

三、团队合作的技巧

（一）平等友善

在团队中，学会与同事和平共处是团队建设的重要一步。无论是老员工，还是新员工，都要树立与其他团队成员和平共处的理念。同事之间相处的关键在于长期稳定性，同事之间要相互了解、彼此尊重，能够做到真诚相待。相互信任同样重要，信任是维系同事关系的基石。同事之间只有相互信任，才能有效合作，共同完成团队目标。在团队中，即使某个团队成员有突出的能力和过人的胆识，也不能太过张扬。只有平等真诚地对待每一个人，才能赢得同事的尊重。

（二）善于交流

同事之间由于存在着一定的差异，有可能是知识，也有可能是学历，这种差异会造成在工作中产生不同的看法或想法。通过交流，可以使这种分歧降到最低。因此，善于交流对于同事之间共同完成任务、保持良好关系、彼此理解等是非常重要的。

（三）谦虚谨慎

法国作家罗曼·罗兰曾说："如果你要树立仇敌，就要表现得比你的朋友卓越；如果你要得到朋友，就让你的朋友比你优秀。"当同事表现得比我们优秀时，同事就会被肯定；当我们表现得比同事优秀时，同事就会产生自卑，甚至会嫉妒我们。所以，我们在与同事相处时要谦虚谨慎。只有这样，我们才会赢得尊重，才能受到他人的欢迎。

（四）化解矛盾

通常情况下，同事之间难免会发生小摩擦、小矛盾，这是正常的事情，但要及时化解矛盾，千万不能将小问题放大，一旦放大，同事之间就可能成了敌对的关系，这对于个人、对于企业都是不利的。

（五）接受批评

在团队发展过程中，每个团队成员都要学会接受批评。其他团队成员对你的错误进行批评，如果真的是错误，就要虚心接受并改正自己的错误，并应对批评你的人表示感谢，是他及时提出来并提醒你，不能因为他批评你而与同事对立。

第二节　职 场 沟 通

沟通是人与人之间、人与群体之间思想与感情的传递与反馈过程，以求思想达成一致和感情的通畅。从用人单位调研的结果来看，沟通能力被用人单位认定为核心就业力之一。职场上良好的沟通不仅可以提升工作效率，而且可以增强企业凝聚力，使企业得到更好的发展。

一、职场沟通与校园沟通的区别

职场沟通与校园沟通的区别如下。

1）在沟通的内容上。在校园中，沟通最多的是与学习、生活有关的事情，如上课、作业、考试等。在职场中，沟通最多的是与工作相关的内容，如工作计划、工作进度、会议通知、工作报告等。

2）在沟通的渠道上。在校园沟通中，以非正式渠道为主，以正式渠道为辅。在职场沟通中，以正式渠道为主，以非正式渠道为辅。

3）在沟通的对象上。在校园沟通中，沟通的对象多为同学和老师。在职场沟通中，沟通的对象多为领导、同事、下属、客户、合作伙伴等。

4）在沟通的方式上。以口头沟通和书面沟通两种方式为主。在口头沟通中，校园沟通主要是在上课、聊天、打电话时进行；职场沟通主要是在开会、培训、工作、打电话等时进行。在书面沟通中，职场沟通多以电子邮件、即时通信为主；校园沟通多以口头沟通为主，电子邮件使用得比较少。

总的来说，职场沟通相比校园沟通，沟通的对象更加多元、复杂，使用面谈、电话、电子邮件等方式沟通较为普遍，沟通的内容专业性较强，体现出沟通的及时性和准确性。

二、职场沟通中常见的问题

对于初入职场的大学生来说，职场沟通是一个较大的挑战。在职场沟通中，常见的问题有：①在沟通的内容上，不知道如何组织工作计划、进度或报告；②在选择沟通渠道上，选择正式渠道还是非正式渠道，容易出现选择性错误；③对沟通对象的情况不了解，或者在上行沟通或下行沟通的方向问题上出现沟通障碍；④在沟通过程中出现问题，不能有效地传递信息；等等。这些问题都是职场新人在职场沟通中经常出现的问题。

伴随这些问题的行为，主要表现为：①在工作中常常被动等待对方来询问；②沟通中注意力不集中；③不能很好地理解别人的意思；④说话啰唆没有重点或淡漠回应或喜欢打断别人；⑤在有些场合不知如何与别人进行沟通，因而沉默或让话题难以继续，甚至发生不愉快；⑥缺少沟通技巧，常常让别人感到不被尊重；等等。

沟通是一种信息的积极交流。在沟通中，我们要积极与领导、同事或客户进行沟通，改正沟通中出现的错误问题或行为，运用自己的沟通能力促进问题的解决、工作的改进。在职场沟通中，要认真倾听，准确理解对方的观点、立场和意图，积极地回应对方，清晰简洁地表达自己的观点，要学会运用沟通技巧，使沟通对象感到被重视和被尊重。

三、提升沟通能力的基本方法

我们随便翻开一本提升能力的培训书籍，会发现沟通都是重点讲解的内容，因为有效沟通对统一思想、提振士气乃至解决问题都有重要的推动作用。沟通能力的提升需要系统培养，包括洞察力训练、信息处理能力训练、语言组织能力训练、逻辑推理能力训练等。对于职场新手，如果没有时间进行系统训练，只要掌握职场沟通的一般方法，也可以在工作中边体会边学习，以达到逐步提升的目的。下面来介绍简单易懂的“3F”基本沟通方法。所谓 3F，是由事实（fact）、感受（feel）、意图（focus）3 个英文单词的首字母构成的，也就是在沟通中要倾听事实、觉察感受和聚焦意图。

1）倾听事实。首先是积极倾听，即积极主动地倾听对方所讲的事情，掌握真正的事实，借以解决问题。倾听的原则是站在对方的立场仔细倾听，不要预设立场确认自己所理解的是否是对方所讲的。例如，可以用“你刚才所讲的是不是”“我不知道我理解的对不对”等这些句式，要以诚恳、专注的态度倾听对方的话语。倾听事实的关键是要分清沟通事件是事实还是判断，比如，“他生病了，他旷工三天”，这属于事实；而“他总是生病，他总是迟到”，这属于判断。

2）觉察感受。这个步骤一般人都不太注意，因为大多数人只关心对方说话的内容，不太注意非内容性的内容。其实对于沟通来讲，沟通的方式比内容更重要，因为方式连接的是感受。在沟通表达时，除了注意沟通的内容外，还要注意沟通时的语调和表情。语调和表情就是沟通时的表达方式，当我要表达什么内容时，不仅要把内容说清楚，还要用适当的语调和表情将内容演绎出来。为什么要这么做呢？因为这与倾听方的感受相关，你的说话方式会影响对方的感受。良好的沟通一定要照顾对方的感受。不仅说话方要注意倾听方的感受，倾听方也要关注说话方的感受。例如，“我很难过”“我很失望”“我很担心”，就是感受；而“我觉得你……”“我认为你……”，就是看法。

3）聚焦意图。这是沟通的核心，在沟通中要聚焦对方真正想要什么，或者什么是最重要的。下面举例说明 3F 沟通法。

小林毕业后进入一家大公司，主管要求很严格。因为不熟悉业务，小林没有按时完成主管交代的工作，受到了批评。主管说：“小林，我们必须在今天把报告交给总部，我之前就和你说过这件事很重要，为什么还没有完成？今天下班别走了，留下来加班，什么时候做完了什么时候走。”主管说的话，事实是报告没有完成，感受是很生气，意图是今天小林要把报告交给他。

小林可以这样去沟通。第一步，说事实。小林可以说："主管，我记得您说过这件事很重要，我也确实没有按时完成，因为是第一次做，遇到了一些问题，我看您很忙，就没有打扰您，所以花了很多时间。"第二步，沟通感受。接下来，小林可以说："我感觉到您很生气，我也很抱歉和难过，这样的结果也不是我想要的。"第三步，明确意图。小林最后可以说："您刚才说今天晚上必须完成这份报告，我现在马上去做，尽量在下班前完成发给您。如果遇到解决不了的问题，我就直接找您，您看可以吗？"

这样的沟通，基本上就可以达到双方沟通想要的最终结果了。

在职场沟通中，3F沟通法是最基本的方法，在这个过程中，相互信任、提前了解、信息明确、换位思考及互通反馈等，能够有效促进完美的沟通。所以，我们要把沟通建立在信任的基础之上，沟通双方才能消除羁绊，进行坦诚交流；我们要提前了解沟通对象的期望、心态及其他相关情况，才能使沟通更顺畅；我们要掌握明确的信息，才能避免信息传递"失真"。

第三节 情绪管理与时间管理

一、情绪管理的关键和方法

情绪是人们在内心活动过程中所产生的心理体验。或者说，是人们在心理活动中对客观事物的态度体验，也是我们心理状态的晴雨表。

当我们把情绪毫无保留地发泄在我们周遭的人身上时，那种和谐的关系无形中就被破坏了，就好像是被打破了的水晶杯子一样，就算接合后也是会有裂缝的，所以我们一定要小心翼翼地处理自己的情绪。要学会在职场中合理地表达自己的情绪，增加正面情绪，控制负面情绪。

首先，要合理地表达情绪。情绪没有表达出来就会出现一系列问题。比如，你无法对周围的人传递信息，可能会失去自己达成希望的可能，而且会在很大程度上影响你的身体健康和人际关系。所以你有充分的理由去表达情绪，但并不意味着你应该表达你所有的情绪。在情绪表达的选择上，要适时、适地、适人，掌握良好的时机表达自己的情绪很重要，要在对方方便时请他聆听你的感受，而我们表达情绪的有效方式是选择平静、非批判的方式叙述情绪的本质，描述而不是直接地发泄。

其次，要增加正面情绪。例如，每天定时有规律地运动，日常生活中学会幽默，锻炼自己的包容心，有意识地保持微笑，经常帮助他人，与积极乐观的人交朋友等，都是增加正面情绪的有效方法。

最后，控制负面情绪。负面情绪包括愤怒、恐惧、焦虑、嫉妒、孤独、悲伤、沮丧、抑郁等。面对负面情绪，我们要重新认识这些情绪，每一个负面情绪的背后都有其正面的意义。比如，嫉妒是一种渴望成长，悲伤是对情感的珍惜。因此，我们要懂得控制和转化自己的负面情绪。

二、时间管理的定义和方法

我们可以把工作按照重要和紧急两个不同的程度进行划分，基本上可以分为 4 个象限：第一象限是既紧急又重要的事务（如人事危机、客户投诉、即将到期的任务、财务危机等），第二象限是紧急但不重要的事务（如电话铃声、不速之客、行政检查、主管部门会议等），第三象限是既不紧急也不重要的事务（如闲谈、无聊信件、个人爱好等），第四象限是重要但不紧急的事务（如建立人际关系、新的机会、人员培训、制定防范措施等）。时间管理坐标体系如图 9-1 所示。

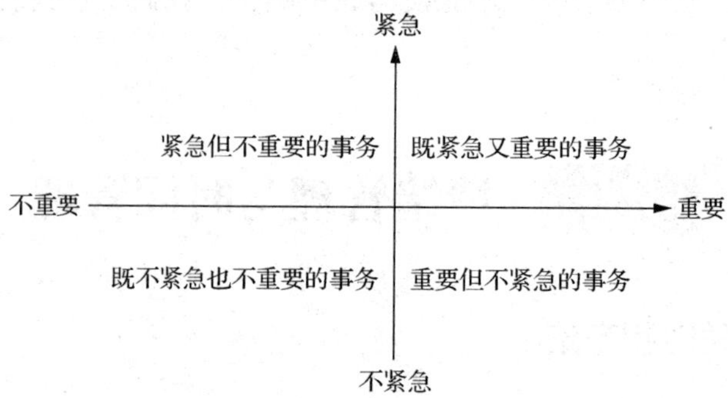

图 9-1　时间管理坐标体系

时间管理理论的一个重要观念是应有重点地把主要精力和时间集中放在处理那些重要但不紧急的工作上，这样可以做到未雨绸缪、防患于未然。在人们的日常工作中，很多时候往往有机会去很好地计划和完成一件事，但常常又没有及时去做，随着时间的推移，造成工作质量下降。因此，应把主要精力放在重要但不紧急这个象限的事务上是必要的。

有这样一个故事：在一次课堂上，教授在桌子上放了一个玻璃罐子，然后从桌子下面拿出一些正好可以从罐口放进罐子里的鹅卵石。教授把石块放完后问他的学生："你们说这个罐子是不是满的？"所有的学生异口同声地回答："是。"教授笑着从桌底下拿出一袋碎石子，把它们从罐口倒下去，摇一摇，问："现在罐子是不是满了？"大家都有些不敢回答，一位学生怯生生地回答："也许没满。"教授不语，又从桌子下面拿出一袋沙子，慢慢倒进罐子里，然后又问学生："现在呢？""没有满!"全班学生很有信心地回答说。"是的。"教授又从桌子底下拿出一大瓶水，缓缓倒进看起来已经被鹅卵石、小碎石、沙子填满的玻璃罐。

一个平常的玻璃罐就这样装下了这么多东西，但如果不先把最大的鹅卵石放进罐子，也许以后永远没机会把它们再放进去了。生活中那么多事情，其实都可以像往这个玻璃罐里放东西那样，先进行时间级别分类，如根据大学生的日常安排，按照“轻重缓急”进行组合，确定先后顺序，做到不遗不漏。

1）A 级别。时间紧、具有一定的挑战性、非常重要的事情。需要注意的是，很多人惧怕 A 级别的事情，觉得太复杂，要耗费太多的精力，同时因为怕困难完不成或者完成得不完美而采取逃避的态度。

2）B 级别。很重要，但在时间上没有特别要求。这一级别的事情当前不需要马上交差，但又非做不可，容易在不急的心理中被人遗忘，在最后关键时刻演变成 A 级别事件。

3）C 级别。时间上紧迫，但并不是很重要的事情。这一级别的事情可以请别人代劳。

4）D 级别。时间上不紧迫，也不是很重要的事情。这一级别的事情有的可以请别人做，有的可以降低标准，有的必须要做则放在零碎时间中进行完成，有些对生活没有益处的事情则建议选择放弃。

训练活动

活动一　训练人际交往能力

为了提升人际交往能力，可通过填写人际交往记录表（表 9-1），训练自己的人际交往能力。

表 9-1　人际交往记录表

类别		编号		姓名		联系方式	
个人信息							
联系方式							
相识原因							
第一印象							
她/他的优点							
第一次交往							
第二次交往							
第三次交往							
第四次交往							
实际结果							
中断原因							
反思评价							

活动二　肢体语言

活动规则：

1）将学生分为2人一组，进行2～3分钟的交流，交流内容不限。

2）当大家停下后，请学生彼此说一下对方有什么非语言表现，包括肢体语言或者表情，如有人爱眨眼，有人时不时撩一下自己的头发等。问问做出这些无意识动作的人是否注意到这些行为。

3）让大家继续讨论2～3分钟，这次注意不要有任何肢体语言，看看与上次有什么不同。

相关讨论：

在第一次交谈中，有多少人注意到了自己的肢体语言？

1）对方有没有什么动作或表情让你觉得不舒服，你是否告诉对方你的这种感受？

2）当你不能用你的动作或表情辅助你谈话时，你有什么样的感觉？是否会觉得不舒服？

（资料来源：佚名，2020.提高学员表达能力的拓展游戏：肢体语言[EB/OL]. https://wenku.baidu.com/view/e6cb9212dfccda38376baf1ffc4ffe473268fd0a.html，略有改动。）

活动三　指手画脚

活动规则：每2人一组。一人正对屏幕，对屏幕中出现的词语只能用肢体语言表达，不能说词语中出现的字，另一人背对屏幕来猜，规定时间内猜中词语多者获胜。

规则改变：

1）设定几种情景，让大家知道（建议5个比较适宜）。

2）学生相向而坐（站）（单排背向讲台）。

3）教师依次出示不同的情景，面对讲台的学生只能通过面部表情来表达在此种情景中自己的反应，并请背对讲台的一排学生猜表达的是哪种情景（可以对调做）。

4）在剩下最后一个情景时，告诉表演者，他们只需要微笑。

5）如果我们用微笑来面对时，会有怎样的结果？

（资料来源：佚名，2020. 情绪管理热身游戏[EB/OL]. https://wenku.baidu.com/view/c33c96f3e55c3b3567ec102de2bd960591c6d95d.html，略有改动。）

活动四　感知时间

活动规则：将你的手机调出秒表，按下开始键的同时，视线望向别处，心里体会1分钟的时间有多长，当你觉得1分钟时间到了，就看秒表上显示的数字，是比1分钟长了还是比1分钟短了。

这个活动主要是测试学生对时间的敏感度。越接近1分钟的学生，对时间的准确度把握得就越到位，长期培养这样的敏感度，就会对事情的规划更加具体和精确，有利于将零散时间整合在一起创造更大的效益。

（资料来源：佚名，2018. 做时间管理之前，先来做个游戏[EB/OL].https://www.jianshu.com/p/8f9c91c08ec6，略有改动。）

第十章　就业权益保护

案例导读

就业协议的解除

小张是2018届毕业生，2018年12月他与一家自己比较满意的公司签订了《高校毕业生就业协议》。协议签订后小张就没有再找其他工作，他开始撰写毕业论文和做一些毕业和就业的准备工作。2019年4月，小张得到签约单位的通知，说由于该公司经营策略上的变化，原本计划招收的20名应届毕业生现缩招为5名。该公司打算与小张解除就业协议，并提出愿意按照三方协议的约定承担违约责任。小张认为，自己和该单位签订了三方协议，失去了其他的就业机会，现在该公司支付一笔违约金就可以和自己解除协议，自己再找工作的话时间上很仓促。请问：小张可不可以通过诉讼或其他方式强制该单位履行三方协议？

（资料来源：徐俊祥，黄敏，2017. 成功就业：大学生就业技能实训教程[M]. 北京：现代教育出版社。）

第一节　就 业 权 益

一、就业权益概述

在大学生就业制度走向市场化、法治化的今天，大学生在整个求职择业过程中应该增强法律意识，自觉遵守市场规则，并用法律武器保护自己的合法权益。要保护好自己的合法权益，大学生必须全面了解自己、用人单位、学校等签约各方在就业过程中享有的权利和义务，了解与就业有关的法律法规。

（一）劳动者的一般权益

1. 劳动报酬权

劳动报酬权是指劳动者依照劳动法律关系，履行劳动义务，由用人单位根据按劳分配的原则及劳动力价值支付报酬的权利。《中华人民共和国劳动合同法》（以下简称《劳动合同法》）规定了试用期最低工资标准，保障了毕业生初次就业时在试用期的劳动报酬权；《工资支付暂行规定》中规定，因劳动者本人原因给用人单位造成经济损失的，用人单位可按照劳动合同的约定要求其赔偿经济损失。经济损失的赔偿可以从劳动者本人的工资中扣除。但每月扣除的部分不得超过劳动者当月工资的20%；对于劳动者加班情况，应当给予其150%～300%的工资报酬等。这些法律规定保障了劳动者维持生存所必需的劳动报酬权。

2. 休息休假权

休息休假权是指劳动者在法律规定的工作时间以外进行休息和休养的权利。休息休假权保障了劳动者体力的恢复、保持身体健康和利用休息时间享受文化生活等需求。《劳动合同法》规定了用人单位不得强迫或变相强迫劳动者加班，《职工带薪年休假条例》规定，机关、团体、企业、事业单位、民办非企业单位、有雇工的个体工商户等单位的职工连续工作1年以上的，享受带薪年休假。

3. 劳动保护权

劳动保护权，又称为职业安全卫生权，是指劳动者在劳动过程中的安全和健康应该得到用人单位的保障，以防止其伤亡事故和职业病的权利。例如，《中华人民共和国劳动法》（以下简称《劳动法》）、《中华人民共和国妇女权益保障法》、《中华人民共和国残疾人权益保障法》等法律法规规定，用人单位有义务对与其建立劳动关系的劳动者，特别是女性、残疾人劳动者按照其身体、生理特点，采取有效的安全和健康保障措施。

（二）大学生在择业过程中享有的权益

除了上述作为普通劳动者所享有的一般权利外，大学生在择业与就业过程中还享有以下权益。

1. 接受就业指导权

接受就业指导权，是指大学毕业生有权从学校、社会、国家获得及时、有效的就业指导与就业信息服务。接受就业指导对大学生来说意义重大，就业指导工作会直接影响大学生的就业方向、就业意识、就业技巧等。

《中华人民共和国高等教育法》规定："高等学校应当为毕业生、结业生提供就业指导和服务。"高校除了应将就业指导纳入大学生课程体系外，还应当成立专门的就业服务机构，安排专业人员对毕业生进行就业指导，包括向毕业生宣传国家有关就业的方针政策，对毕业生进行择业技巧的指导，引导毕业生根据国家和社会的需要、结合个人实际情况进行择业等，使毕业生通过接受就业指导，能够准确定位并合理择业。由此可见，接受就业指导和服务是大学毕业生的一项重要权益。

2. 就业信息知情权

就业信息知情权，是指大学毕业生拥有及时全面地获取各种公开就业信息的权利。从广义上来说，就业信息既包括与毕业生求职择业相关的国家有关方针、政策与法规，也包括国家宏观经济发展状况和各个地区与行业的发展情况，还包括用人单位的规模、性质、产品、市场、企业文化、工作环境、学习培训、福利待遇等情况，以及专业需求、上岗条件、未来发展前景等工作岗位的具体信息，这些都是毕业生择业、就业的基础。

大学生就业信息知情权包括三方面含义：①信息公开，即就业信息对任何毕业生来说都应该是公开透明的，任何团体、组织和个人都不得隐瞒、截留用人信息或者公布虚假用人信息；②信息及时，即毕业生获取的就业信息必须是及时、有效的，不能将过时的无利用价值的信息传递给毕业生；③信息全面，即毕业生有权获得准确、完整、全面的就业信息，以便对单位、职位情况有更加深入和全面的了解，进而根据自己的实际情况，做出恰当的职业选择。

3. 接受就业推荐权

接受就业推荐权是指高校毕业生拥有被学校如实、公正、及时推荐到用人单位就业的权利。学校的推荐对毕业生的就业有着重要影响。事实证明，学校的推荐往往在很大程度上影响用人单位对毕业生的态度。

毕业生享有被推荐权包括以下几方面内容。

1）如实推荐。如实推荐是指高校在对毕业生进行推荐时，应实事求是，根据毕业生本人的实际情况向用人单位进行介绍、推荐，不能故意贬低或随意抬高该毕业生在校表现。

2）公正推荐。学校对毕业生进行推荐应做到公平、公正，应给每一位毕业生以就业推荐的机会，不能厚此薄彼。

3）择优推荐。学校应根据毕业生的在校表现，在公正、公开的基础上，还应择优推荐，用人单位在录用毕业生时也应坚持择优标准，真正做到优生优用、人尽其才。

4. 就业选择自主权

就业选择自主权，是指在国家就业方针、政策的指导下，高校毕业生有按照自己的意愿选择职业的权利，包括自由选择是否从事职业劳动，从事何种职业劳动，何时从事职业劳动，在哪一类或哪一个用人单位从事职业劳动等权利。毕业生的就业选择自主权，否定了行政安置和强制劳动，充分体现了毕业生在人才市场自主择业的权利。

5. 平等就业权

平等就业权，是指根据国家相关法律法规及政策，高校毕业生在择业过程中享有的平等权利，不因民族、种族、性别、信仰、身体条件、社会出身等原因，受到就业歧视或被排斥、取消、损害其就业机会。这种平等不仅体现在符合招聘条件的毕业生都可以平等地接受学校推荐，参加单位公开招聘，进行公正、平等竞争，而且要求用人单位在录用毕业生和确定福利待遇时要做到公平、公正，一视同仁。

6. 隐私保护权

隐私保护权，是指毕业生在求职择业过程中，不可避免地要将自己的部分信息提供给用人单位，但这些信息仅限于与应聘岗位招聘条件密切相关的范围之内。如果不经毕业生同意，任何单位或个人都不得将毕业生的个人信息随意发布和使用，用人单位更无权以招聘考核为名过问毕业生的各种隐私。

（三）大学生在就业过程中享有的权利

1. 过渡期保障权

过渡期保障权，是指大学毕业生在实习期、试用期、见习期所应享有的保障个人各方面利益的权利。大学毕业生相对用人单位来说处于弱势地位，由于相关法律法规还不健全，大学生在从学校到职场的过渡期的许多权益中往往会受到一些用人单位的侵害。我国《劳动合同法》首次规定了试用期期限的设定和试用期工资的最低水平，在一定程度上为劳动者试用期的各种权利提供了保障。

2. 就业签约权

就业签约权，是指大学毕业生与用人单位达成就业意向后，需要通过签订就业协议或劳动合同，将双方的劳动关系或已经达成的约定，以书面形式落实下来，并对双方的责任、权益进行明确的书面说明。不签订就业协议或劳动合同，或是协议、合同的内容和条款过于笼统甚至违法违规，都是对大学毕业生就业权益的侵犯。法律更不允许单位或个人采取欺诈和胁迫的方式要求大学毕业生签订就业协议和劳动合同。

3. 违约求偿权

违约求偿权，是指大学毕业生在与用人单位签订就业协议后，如果用人单位无故违约或解约，大学毕业生有权要求用人单位进行相应的赔偿。大学毕业生就业协议一经签订，毕业生、用人单位、学校三方都应严格履行，任何一方不得擅自毁约。如果用人单位无故要求解约，大学毕业生有权依照《中华人民共和国合同法》要求对方严格履行就业协议，签订劳动合同；否则，用人单位应对毕业生承担违约责任，并支付违约金。

二、维护就业权益

增强自我保护意识有助于维护大学生的就业权益。增强自我保护意识主要从增强法律意识、契约意识、维权意识、证据意识、诚信意识等方面入手。

（一）法律意识

市场经济是法治经济，大学毕业生就业也受到法律体系的保护。因此，大学毕业生必须了解与就业相关的法律法规、政策制度，了解劳动用工的相关规定，逐步提高法律意识，学会使用法律武器维护自身权益。

（二）契约意识

契约意识包括两方面内容：①通过就业协议来保护自己合法权益的意识；②必须严格遵守就业协议的意识。大学毕业生与用人单位签订的协议是一种合同，是确立双方当事人之间劳动关系的一种契约，具有法律效力。因此，大学毕业生要谨慎签约、积极履约。协议一旦订立，双方都必须遵守，任何一方未经对方同意都不得擅自毁约、违约等，否则将受到法律制裁。

（三）维权意识

由于大学生就业市场发育还不够成熟，法律制度尚不健全，损害大学生合法权益的现象时有发生。因此，具有强烈的维权意识，在碰到问题时能够拿起法律的武器积极保障权利，是大学毕业生自我权益保护的实质性一步，是由观念转化成行动的重要一步。大学毕业生只有在掌握法律政策、养成良好法律意识和积极维权意识的情况下，才能平等地与用人单位进行对话，据理力争，从而保障自己的权益免遭侵害。

（四）证据意识

大学毕业生在求职就业过程中，应当树立证据意识。

1）收集证据的意识。在求职时要有意识地要求用人单位出示或提供相关资料，如要求用人单位出示营业执照、要求对方出示表明身份的证件等。

2）保存证据的意识。要注意保存现有的证据，以便将来在仲裁法庭或进行诉讼时维护权益，如招聘海报、往来传真、邮件等。

3）运用证据的意识，要有用证据证明事实的意识，知道什么样的事实需要什么样的证据，要明确举证责任是在对方还是在己方。

（五）诚信意识

大学毕业生诚信意识的培养和权益的自我保护，主要包括两方面：①大学毕业生在求职过程中必须如实向用人单位介绍自己的情况，如果故意隐瞒自己情况、欺骗用人单位，则可能导致就业协议无效，由此会承担缔约过失责任；②能够意识到用人单位是否诚信。目前，大学毕业生就业形势严峻，使毕业生不敢向用人单位问太多问题、提更多要求，而认为用人单位说的都是对的，单位要求的就应该去做，不知不觉中自己的权益就遭受侵犯。

第二节 求职陷阱

一、常见的求职陷阱

大学毕业生在就业过程中，会面临各种竞争和挑战，同时由于就业形势严峻、就业困难，大学毕业生在就业过程中可能会遇到各种各样的求职陷阱。常见的求职陷阱如下。

（一）虚假招聘

有些用人单位在招聘会上为了招到条件好的毕业生，便会夸大或隐瞒自己的真实情况。例如，有些用人单位故意扩大单位规模和岗位数量，进行虚假宣传；有些用人单位把招聘职位写得冠冕堂皇，不是“经理”就是“总监”，实际上却是“办事员”“业务员”；有些用人单位没有招聘计划，只是为了做广告，在媒体上发布招聘消息，把招聘当成了形象宣传；有些用人单位借招聘之名，获取毕业生的联系方式并进行诈骗活动；等等。

（二）收费陷阱

在就业市场中，一些用人单位利用大学毕业生求职心切的心理，巧立名目向大学毕业生收取各种不合理费用，如风险抵押金、违约金、培训费、服装费等。有些用人单位开出诱人条件，如留在某大中城市工作、能解决这些大中城市的户口等，在双方面试过程中，用人单位表示为了增加双方的信任，大学生在工作之前必须交纳一定的押金，等大学生交完押金并工作一段时间后，用人单位的有关人员就表示聘用之初说定的工作岗位要有些调整，可能需要将入职的毕业生派到其他部门，如果不愿意去，就以不服从单位安排为由不退其押金。

我国《劳动合同法》规定：“用人单位招用劳动者，不得扣押劳动者的居民身份证和其他证件，不得要求劳动者提供担保或者以其他名义向劳动者收取财物。”

（三）试用期陷阱

劳动合同的试用期，是指用人单位和劳动者为了相互了解而选择、约定的考察期。在这段时间，用人单位考察劳动者的工作能力，劳动者也考察用人单位的情况，是双方互相试用的过程。但是，一部分用人单位却利用试用期大做文章，主要表现为：①试用期过长或与签订的劳动合同期限不符；②要求毕业生在试用期内承担违约责任；③在试用期内无正当理由辞退毕业生；④以见习期代替试用期；⑤续签劳动合同时重复约定试用期；⑥将试用期从劳动合同期限中剥离；⑦仅仅订立一份试用期合同；⑧试用期工资低于当地的最低工资；⑨试用期内单位不缴纳社会保险费等。

由于试用期的工资、福利待遇和正式录用后差异较大，而招聘费用又微乎其微，一些用人单位抓住大学毕业生急于找工作的心理，通过这种无休止的“试用”来获取大学毕业生廉价的劳动力。

（四）传销陷阱

传销，是指多层次直销和层压式推销的合称。传销属于一种经济犯罪行为，受到国家的严令禁止。非法传销者首选对象常常是急于找工作的打工者，特别是刚刚毕业的大学生，他们先是以帮忙找工作为由，以高薪为诱饵，因人而异，投其所好，欺骗求职者去进行非法传销活动。求职者一旦进入陷阱，其人身自由便被限制，被迫从事传销活动，要么交入门费，要么花钱购买传销产品作为入门条件。传销组织者还采取扣留身份证、控制通信工具、监视等手段不让受骗者离开，强迫他们联系亲友前来，或者寄钱寄物从中牟利。

（五）就业协议陷阱

就业协议是明确毕业生、用人单位在毕业生就业择业过程中权利和义务的书面协议。就业协议一经签订，对双方都具有约束力。按照有关规定，就业协议不能代替劳动合同或聘用合同，这样就可能在毕业生和用人单位之间产生纠纷。常见的毕业生签订就业协议过程中遇到的陷阱主要包括：用人单位不与毕业生签订就业协议书；用人单位不根据就业协议书的约定与毕业生签订书面劳动合同；用人单位不将就业协议中的承诺写入劳动合同；用人单位与毕业生签订“霸王合同”。

就业协议书是转递毕业生人事关系的依据，如果不签订该协议，毕业生的人事档案、户籍等人事关系就无法转入工作单位及所在城市。这些关系的办理涉及毕业生的切身利益，如办理社会保险、购买经济适用房、评职称等。因此，用人单位不与毕业生签订就业协议书，对毕业生的工作、生活、职业发展都是非常不利的。毕业生应主动要求用人单位解决这些问题，并可通过当地的人才交流中心协助办理人事档案、户口等关系的接收。

（六）智力陷阱

有些用人单位按程序假装对应聘毕业生进行面试，再进行笔试。在面试、笔试时，把本单位遇到的问题以考察的形式要求前来应聘者作答或设计，待毕业生利用专业优势完成后，再找各种理由推辞，结果无一人被录用，而用人单位却将应聘者的劳动果实据为己有，使毕业生陷入智力陷阱。

二、求职陷阱的应对措施

在就业市场上，大学生是一个弱势群体。由于对就业法规、就业市场不了解，大学生自身素质的缺乏，毕业生在找工作的过程中容易遭遇各种各样的求职陷阱。因此，在就业过程中，有必要采取一定的措施来防范和应对求职陷阱。

（一）仔细鉴别各类就业信息，有效识别求职陷阱

毕业生对来自不同渠道的招聘信息，要有一定的真伪辨别能力，有效识别就业信息的陷阱。一般来自学校就业网站和校园招聘会的信息是最可信赖的，但学校就业部门毕竟只能起一道“防火墙”的作用，要真正甄别真假，还要自己多了解；对信息量最大的网上招聘不能轻信，真正比较权威的网站应该是与政府人事部门、教育部门有链接的官方网站；对社会上举办的招聘会不能“漫天撒网”，应该有所选择，否则会有让自己的简历落入非法中介机构的风险；在得到应聘机会时，要注意从多方面了解用人单位是否合法规范，比如可以从市场监督管理局的网站上查找该单位的信息，从已就业的学长那里了解该单位的声誉，在参加面试时观察该单位的工作氛围、人员素质等。

（二）了解国家有关的就业政策和法律法规，切实提高自身法律意识

毕业生应了解目前国家关于毕业生就业的有关方针、政策和法律法规，熟悉毕业生在就业过程中的权利和义务。如果在就业过程中因所谓的公司规定或部门规定而与国家政策法规有抵触，侵犯了自己的权益，则可依据法规办事，维护自己的合法权益。一般来说，《普通高等学校毕业生就业工作暂行规定》《劳动法》《劳动合同法》《中华人民共和国公务员法》以及高校所在省（自治区、直辖市）就业政策、地方法规等，毕业生都应该有所了解。

（三）端正就业态度，平等地与用人单位交往

尽管面临严峻的就业形势，但毕业生在求职中不能低三下四、任人摆布，更不应怨天尤人、听天由命。毕业生应积极主动，有尊严、有信心地与用人单位进行平等交往。求职与招聘是一个双向选择的过程，双方是平等的，在招聘过程中毕业生一定要尽可能地了解用人单位情况，特别是对自己所关心的薪酬标准、岗位安排、住房保险、试用期等具体问题和不清楚的地方一定要问明白，尽量减少承诺中的“不确定成分”。

（四）慎重签订就业协议书，注意约定条款的合理性

就业协议书是学校、毕业生、用人单位三方的协议书，应该是国家教育行政主管部门规定的统一格式的文本，属于意向性协议。应该注意的是，就业协议书虽然不是劳动合同，但也牵涉违约金的问题，所以签订就业协议书之前也要三思而后行。在签订就业

协议书之前，毕业生除了要了解和掌握国家的就业政策和规定、明确就业单位的具体工作部门和工作岗位、全面了解用人单位外，还应该进一步明确双方的权利和义务，注意约定条款的合理性。有些用人单位与毕业生签订就业协议书时会附加补充协议或增加某些条款，进一步明确用人单位与毕业生之间的权利和义务，毕业生在签订这些条款时，一定要仔细研究，力求了解条款的内容和含义，以免日后发生争议。

另外，毕业生在签订就业协议书时，也要注意与劳动合同的衔接，应尽量将劳动合同的内容体现在就业协议的约定条款中，并明确表示在今后订立劳动合同时予以确认。在无事先约定的情况下，毕业生对劳动合同的有关内容与用人单位达不成一致意见而不愿到该单位工作时，毕业生就要承担违约责任。

第三节 就业协议书与劳动合同的签订

一、就业协议书的内容与签订

（一）就业协议书的内容

协议是指当事人之间确立、变更、终止民事权利、义务关系的法律行为。就业协议书是高校毕业生与用人单位确立劳动关系的法律依据，是明确毕业生、用人单位和学校三者在毕业生就业工作中权利和义务的书面表现形式，又称三方协议。

高校毕业生在与用人单位签订就业协议书时，必须使用教育部提供的就业协议书统一样本，这样做的目的在于统一和规范毕业生与用人单位签订就业协议书的行为。现行的就业协议书中主要包括以下 3 部分内容：毕业生基本情况及意见、用人单位基本情况及意见和学校意见。

（二）就业协议书的签订

1. 就业协议书的签订原则

就业协议书的签订原则，是指双方在订立就业协议书时必须遵循的基本准则。

1）主体合法原则。签订就业协议书的当事人必须具备合法的主体资格。

毕业生：取得毕业资格，如学生在派遣时未取得毕业资格，用人单位可以不予接收，无须承担法律责任。

用人单位：具有从事各项经营或管理活动的能力。单位应有录用毕业生计划和录用自主权，否则毕业生可以解除协议，无须承担违约责任。

2）平等协商原则。双方法律地位平等，不得将一方的意志强加于另一方；学校不得采取行政手段要求毕业生到指定单位就业；用人单位不应要求毕业生交纳过高数额的保证金。

2. 就业协议书签订步骤

1）毕业生领取就业协议书。

2）毕业生和用人单位经充分协商达成一致意见后，双方在就业协议书上签字盖章。

3）毕业生所在学院审核。

4）高校就业指导中心汇总审核就业协议书，并签字盖章。

（三）签订就业协议书的注意事项

就业协议书一式 4 份，用人单位保留 1 份，毕业生保留 1 份，学校（院）保留 2 份。毕业生签完就业协议书后，应及时将就业协议书上交学校（院）审核，以保障自身权益。

1）认真审查就业协议书的内容。这要求审查就业协议书的内容是否合法、双方的权利义务是否合理、补充协议的内容是否合理等。

2）写清补充协议内容。包括原协议书中未能体现的具体权利和义务用补充协议形式表达出来。补充协议书与主协议书具有同等法律效力。就业协议书协议内容至少应具备以下条款才能具有法律效力：服务期、工作岗位、工资报酬、福利待遇、协议变更和终止条款、违约责任。

3）单位主体资格是否合格。包括用人单位必须具有主体资格。如果其本身不具备进入的权利，则必须经上级主管部门批准同意。毕业生在签约前，一定要先审查用人单位的主体资格。

4）写明违约责任。在协议内容中，应详细表述当事人双方的违约情形及违约后应负的责任，还应写明当事人违约后通过何种方式、何种途径来承担责任。

5）审查用人单位及上级主管机关签署的具体意见。用人单位及上级主管机关签署的意见应具体、准确，应与就业协议书的内容相一致。

6）协议的形式要合法。毕业生要签名并写清签字时间。用人单位及其上级主管部门必须加盖单位公章并注明时间。签字后，需将就业协议书交给高校就业指导中心履行相关手续，以便及时制订就业计划和顺利派遣。

二、劳动合同的内容与签订

（一）劳动合同的内容

劳动合同是指劳动者与用人单位确立劳动关系、明确双方权利和义务的书面协议。根据《劳动合同法》第十七条规定，劳动合同应当包括以下内容：

1）用人单位的名称、住所和法定代表人或者主要负责人。

2）劳动者的姓名、住址和居民身份证或者其他有效身份证件号码。

3）劳动合同期限。

4）工作内容和工作地点。

5）工作时间和休息休假。

6）劳动报酬。
7）社会保险。
8）劳动保护、劳动条件和职业危害防护。
9）法律、法规规定应当纳入劳动合同的其他事项。

（二）劳动合同的签订

1. 劳动合同签订的原则

劳动合同签订的原则，是指在劳动合同订立过程中双方当事人应当遵循的法律准则。《劳动合同法》第三条规定："订立劳动合同，应当遵循合法、公平、平等自愿、协商一致、诚实信用的原则。"

2. 签订劳动合同的注意事项（表 10-1）

表 10-1　签订劳动合同的注意事项

法律规定	潜在问题	处理方式
建立劳动关系应当订立书面劳动合同	有的用人单位为了逃避义务，往往不与毕业生签订劳动合同。日后发生纠纷，吃亏的往往是毕业生	毕业生可向当地劳动行政部门投诉，要求纠正用人单位的违法行为
劳动合同期限 3 个月以上不满 1 年的，试用期不能超过 1 个月；劳动合同期限 1 年以上不满 3 年的，试用期不能超过 2 个月；3 年以上固定期限和无固定期限的劳动合同，试用期不得超过 6 个月	用人单位在试用期内不与毕业生签订劳动合同，一旦试用期满，就找种种借口辞退	毕业生与用人单位签订劳动合同的时间应在试用前，而不是试用合格后
应以书面形式写明以下条款：劳动合同期限；工作内容；劳动保护和劳动条件；劳动报酬标准；劳动纪律；劳动合同终止的条件；违反劳动合同的责任	有些企业与毕业生签订合同时，事先不经过双方协商，仅从企业单方面的利益出发，制定了有倾向性的不平等合同条款，如随意延长劳动时间又不付加班工资，或限制女工享受特殊劳动保护的权利等	凡是与法律、法规相违背的条款都属无效，如毕业生已签订该类合同，可对违法条款不予执行或要求纠正
	有的企业不以书面形式与毕业生订立劳动合同，只是口头约定工资、工时等权利义务的内容。一旦发生纠纷，双方各执一词，毕业生往往有口难辩	按照法律规定签订正式书面合同

第四节　违约责任与劳动争议

大学毕业生希望在职业岗位上与用人单位彼此信任，为了共同的事业和目标而合作努力，但就业协议书和劳动合同就是为违约责任与劳动争议问题准备的，尽管大学毕业生不愿意在职场上走这一步，但它确有可能发生。因此，大学生应该对劳动合同中规定的责任和义务有一个清晰的认识，了解法律法规的相关规定，才能防患于未然。

一、违约责任

（一）就业协议书的违约

毕业时，大学生都会与学校、用人单位签订一份三方协议，即就业协议书。对于三方协议的界定，一般理解为：根据国家毕业生就业政策，毕业生、用人单位、学校在就业协议书上签字、盖章后，协议书即生效，对三方都具有约束力，各方都应该遵守协议、履行协议。如果三方中有一方反悔，即视为违约，而且必须向另外两方承担违约责任。

学校作为大学毕业生和用人单位的见证方，一般不会涉及违约，事实上可能会出现违约问题的多是毕业生或用人单位。一般情况下，毕业生和用人单位会出现的违约情况大致可以分为以下几种。

1. 毕业生出现违约

毕业生出现违约情况包括：同时与多家单位签约，再定取舍；先确定一个用人单位垫底，一旦找到更理想的用人单位，则抛弃前者，满足后者；向用人单位提供不真实的选择情况；其他违约行为。

2. 用人单位出现违约

用人单位出现违约情况包括：拒收毕业生；提供不真实的情况和虚假材料，误导毕业生与之签约等。

3. 其他违约行为

其他违约行为包括：为约束毕业生而收取一些不合理费用；违反行政法规、规章，不执行有关规定，侵害毕业生的合法权益等。

按照规定，就业协议书一经毕业生、用人单位、学校签署即具有法律效力，任何一方不得擅自解除，否则违约方应向权利受损方支付协议条款所规定的违约金。从实际情况来看，就业违约多为毕业生违约。如果毕业生违约，除了本人应承担违约责任、支付违约金、诚信危机外，还会造成其他不良后果，包括用人单位、学校甚至其他毕业生都会受到不良影响。因此，希望毕业生在签署就业协议书前要慎重考虑，明确自己签署协议后应负的责任，然后再签订。

当毕业生到用人单位报到后，三方协议即告终止，此时用人单位会与毕业生签订一份正式的劳动合同，其中约定了劳动者的试用期限、服务期限、工资待遇及其他福利等事宜。签订劳动合同之后，双方即正式确定了劳动关系。

（二）劳动合同的违约

1. 用人单位的责任

用人单位制定的劳动规章制度违反法律、法规规定的（如以低于当地最低工资标准支付劳动者工资的），由劳动行政部门给予警告，并责令改正；对劳动者造成损害的，应承担赔偿责任；拒不支付加班工资报酬的，由劳动行政部门给予警告，责令限期改正，并应依法给予经济补偿。

用人单位未向劳动者提供必要的劳动防护用品，造成劳动者劳保待遇损失的，要按国家规定补足劳动者的劳保津贴和用品。

用人单位造成工伤和医疗待遇损失的，除按国家规定提供应有的待遇外，还应支付劳动者医疗费用一定比例的赔偿金。

用人单位严重违反劳动合同规定的劳动安全和劳动卫生条件而造成重大事故，使劳动者的生命、财产受到损失的，要依法追究单位责任人的行政责任，触犯刑法的，要依法追究刑事责任。

用人单位违反《劳动法》，对女工和未成年工造成身体健康损害的，除按国家规定提供治疗期间的医疗待遇外，还应支付其医疗费用一定比例的赔偿金。

用人单位侵害劳动者合法权益，侮辱、体罚、殴打、非法搜查和拘禁劳动者的，要支付损害赔偿金，轻者给予行政处分，重者追究刑事责任。

用人单位违反《劳动法》规定的条件，订立了无效合同、解除劳动合同或者故意拖延不订立劳动合同的，由劳动行政部门责令改正，给劳动者造成损害的应承担赔偿责任。

2. 劳动者的法律责任

劳动者违反规定或劳动合同的约定解除劳动合同，对用人单位造成损失的，应当赔偿：用人单位招收录用其所支付的费用；用人单位为其支付的培训费，双方另有约定的按约定办理；给生产、经营和工作造成的直接经济损失；劳动者违反劳动合同中约定的保密事项，泄露商业机密，对用人单位造成经济损失的，按《中华人民共和国反不正当竞争法》第二十条的规定支付用人单位赔偿费用；构成犯罪的，要承担刑事责任。

（三）试用期内违约

劳动合同中约定的试用期是工作的第一个阶段，需要熟悉、学习、适应工作的内容很多，这也是双方最容易出现纠纷的阶段。下面将试用期比较容易出现的劳动纠纷做一个简单的归纳。

1. 试用期时限

试用期是用人单位和劳动者建立劳动关系后为相互了解、选择而约定的不超过 6 个月的考察期。按照《劳动法》的规定，劳动合同可以约定不超过6个月的试用期。劳动合同期限在6个月以下的，试用期不得超过15日；劳动合同期限在6个月以上1年以下的，试用期不得超过30日；劳动合同期限在1年以上2年以下的，试用期不得超过60日；劳动合同期限在2年以上的，试用期不得超过6个月。

2. 试用期辞职

根据《劳动法》的规定，劳动者在试用期内可以随时通知用人单位解除劳动合同（无须提前通知）。有些用人单位在劳动合同中约定，劳动者在试用期解除合同需承担违约责任，这实际上限制了劳动者的解除权。因此，这种约定是侵害劳动者合法权利的行为，对于这种约定条款，法律一般确认为无效。

3. 试用期辞退

根据《劳动法》第二十五条规定，劳动者在试用期间被证明不符合录用条件的，用人单位可以解除劳动合同。法律规定得很清楚，用人单位可解除劳动合同的条件是其必须举证证明劳动者在试用期不符合录用条件。毕业生应当明确，用人单位要求解除劳动合同时，举证责任在用人单位，劳动者无须提供自己符合录用条件的证明。

（四）服务期违约

用人单位为劳动者提供专项培训费用，对其进行专业技术培训的，可以与该劳动者订立协议，约定服务期。

劳动者违反服务期约定的，应当按照约定向用人单位支付违约金。违约金的数额不得超过用人单位提供的培训费用。用人单位要求劳动者支付的违约金不得超过服务期尚未履行部分所应分摊的培训费用。

（五）竞业限制违约

竞业限制的人员限于用人单位的高级管理人员、高级技术人员和其他负有保密义务的人员。竞业限制的范围、地域、期限由用人单位与劳动者约定，竞业限制的约定不得违反法律、法规的规定。

在解除或者终止劳动合同后，竞业限制期限不得超过两年。

二、劳动争议

（一）劳动争议的概念

劳动争议，又称为劳动纠纷，是指劳动者与其所在单位之间因劳动关系中的权利义务而发生的纠纷。

（二）劳动争议的范围

劳动争议的范围，在不同的国家有不同的规定。根据《中华人民共和国劳动争议调解仲裁法》第二条规定，劳动争议的范围如下。

1）因确认劳动关系发生的争议。

2）因订立、履行、变更、解除和终止劳动合同发生的争议。

3）因除名、辞退和辞职、离职发生的争议。

4）因工作时间、休息休假、社会保险、福利、培训以及劳动保护发生的争议。

5）因劳动报酬、工伤医疗费、经济补偿或者赔偿金等发生的争议。

6）法律、法规规定的其他劳动争议。

（三）劳动争议处理程序

我国处理劳动争议的程序为：协商、调解、仲裁、诉讼 4 个阶段。

1）劳动争议发生后，当事人双方在自愿平等的基础上进行协商，协商一致后达成和解协议。协商不是当事人处理劳动争议的必需程序，但是这种形式简单方便，既不伤感情，又利于团结，国家提倡和鼓励这种形式。

2）当事人协商不成或未经协商，都可以向劳动争议调解委员会等申请调解。劳动争议调解委员会可以设在用人单位内部，也可以由各地方的工会负责组织。它应当由职工代表、用人单位代表和工会代表组成。劳动争议的调解应当遵循当事人双方自愿的原则。需要注意的是，调解委员会只能起调解作用，它本身无决定权，不能强迫双方接受自己的意见，也无权做出对双方具有法律约束力的文件。但是如果双方经调解达成调解协议的，调解委员会应当制作调解协议书，对于协议书，双方当事人应当自觉履行。

3）劳动争议发生后 60 日内，当事人任何一方都可以直接向劳动仲裁委员会申请仲裁，或是调解不成，也可以申请仲裁。仲裁委员会对受理的劳动争议，在查明事实的基础上先行调解，调解若达成协议应当制作调解书。经调解无效或调解书送达前一方反悔的，应当及时进行仲裁，并制作仲裁决定书。当事人一方或双方对仲裁裁决不服的，可以自收到仲裁裁决书之日起 15 日内向人民法院提出诉讼，逾期不起诉，裁决即发生法律效力。已生效的裁决，与人民法院判决的效力等同。当事人如果不履行裁决书所规定的义务，另一方当事人可以申请人民法院强制执行。

4）诉讼程序是解决劳动争议的最终途径。未经劳动仲裁委员会仲裁的劳动争议，当事人不得向人民法院起诉。如果诉讼当事人不服劳动仲裁委员会做出的裁决，可自收到仲裁裁决书之日起 15 日内向人民法院提起诉讼。人民法院将依法进行审理，做出裁决。

第五节 社会保险相关知识

一、社会保险的种类

（一）住房公积金

住房公积金是我国推行的具有保障性、互助性、长期性的属职工个人所有的长期住房储金，由职工及其所在单位按规定缴存。

由职工个人和由职工所在单位为职工缴存的住房公积金，这两部分金额属于职工个人所有。住房公积金具有固定的用途，包括员工购买、建造、翻建、大修自住房，因此住房公积金不允许任何单位和个人在住房以外的其他任何用途上使用。住房公积金的月缴存额为职工本人上一年度月平均工资乘以职工住房公积金缴存比例。单位为职工缴存的住房公积金的月缴存额为职工本人上一年度月平均工资乘以单位住房公积金缴存比例。一般情况下，缴存比例会根据经济发展状况和职工生活水平进行相应调整。

（二）基本养老保险

基本养老保险的缴纳模式为社会统筹与个人账户相结合。基本养老保险的覆盖面已经比较广泛，包括城镇各类企业职工。对于所有城镇企业及企业职工来说，基本养老保险已经成为一项义务，必须定期落实缴费。其中，城镇职工应缴纳的基本养老保险额度不需要个人单独上缴，而是由所在企业从个人工资中代扣并统一上缴。对于企业，必须以货币形式足额缴纳基本养老保险。社会上的其他人员，包括个体工商户和自由职业人员，可以按照相关规定制定的缴纳基数和缴纳比例缴纳，缴纳的周期也按月计算。

（三）基本医疗保险

1998 年年底下发的《国务院关于建立城镇职工基本医疗保险制度的决定》，全面推进了我国医疗保险制度的改革。基本医疗保险制度是社会保障体系的重要组成部分，是由用人单位和职工共同参加的一种社会保险。基本医疗保险实行个人账户与统筹基金相结合，保障广大参保人员的基本医疗需求，主要用于支付一般门诊、急诊、住院等费用。

基本医疗保险使参保人员可以自行决定医保定点医院及定点的社区医疗机构，这样群众的就医就有了较为广泛的选择范围，他们可以在就医过程中充分享受自主选择的权利。

基本医疗保险费由用人单位和职工共同缴纳。用人单位缴费率应控制在职工工资总额的 6%左右，职工缴费率一般为本人工资收入的 2%。随着经济的发展，用人单位和职工缴费率可做相应调整。

（四）工伤保险

工伤保险，是指劳动者在工作中或在规定的特殊情况下，遭受意外伤害或患职业病导致暂时或永久丧失劳动能力及死亡时，劳动者或其遗属从国家和社会获得物质帮助的一种社会保险制度，为社会保险制度的一个组成部分。工伤保险是在国家立法的强制力下建立的，属于国家为广大劳动者承担的社会责任，也是劳动者应当充分享有的一项基本权利。

很多职业都存在一定的危害性，因此非常有必要对劳动者这方面的权益加以保护。工伤保险涵盖所有劳动者，任何人在工作过程中发生的伤害和罹患的职业疾病，都应获得工伤保险提供的保障待遇。

（五）失业保险

失业保险是指国家通过立法强制实行的，由社会集中建立基金，对因失业而暂时中断生活来源的劳动者提供物质帮助的制度。它是社会保障体系的重要组成部分，是社会保险的主要项目之一。失业保险是指劳动者由于非本人原因暂时失去工作，致使工资收入中断而失去维持生计来源，并在重新寻找新的就业机会时，从国家或社会获得物质帮助以保障其基本生活的一种社会保险制度。

（六）生育保险

国家通过立法设立生育保险，在怀孕和分娩的女性劳动者暂时中断劳动的过程中，由国家和社会为她们提供医疗服务、生育津贴和产假。这种保险制度中，国家和社会对生育的职工给予必要的经济补偿和医疗服务，保障女性职工因生育而暂时丧失劳动能力时拥有基本经济收入和医疗保障，帮助她们恢复劳动能力，重返工作岗位。这项制度充分体现了国家和社会为孕育生命的女性在特殊阶段给予的帮助、扶持和爱护。

我国生育保险待遇主要包括两项：①生育津贴，用于保障女职工产假期间的基本生活需要；②生育医疗待遇，用于保障女职工怀孕、分娩期间以及职工实施节育手术时的基本医疗需要。

二、社会保险的作用

社会保险是现代社会经济生活的重要方面，是一项重要的社会政策，它既是劳动者享有的维持基本生活的权利，也是政府应承担的义务，对保障人民基本生活、维护社会稳定、促进经济发展起着重要作用。其作用主要表现在：能够保障人民生活基本需要，维护社会稳定，起到社会“安全网”和“稳定器”的作用。社会保险的作用具体体现在以下几方面。

1）社会保险能发挥社会稳定器的作用。社会成员难免会遇到衰老、伤病等情况，这是在任何时代和任何社会制度下都无法避免的客观现象。社会保险就是当社会成员遇到这种情况时给予适当的补偿，以保障其基本生活水平，从而防止不安定因素的出现。

2）社会保险有利于保证社会劳动力再生产的顺利进行。劳动者在劳动过程中必然会遇到各种意外事件，造成劳动力再生产过程的停顿。社会保险就是劳动者在遇到上述风险事故时给予必要的经济补偿和生活保障。

3）社会保险有利于实现社会公平。由于人们在文化水平、劳动能力等方面的差异，就会造成收入上的差距。社会保险可以通过强制征收保险费，对收入较低或失去收入来源的劳动者给予补助，提高其生活水平，并在一定程度上实现社会的公平分配。

4）社会保险有利于推动社会进步。保险具有互助性的特点，社会保险更能体现出互助合作、同舟共济的精神。

训练活动

活动一　劳动合同法知识测试

请判断下列各题的正误，并在括号内打“√”或“×”。

1）劳动者与用人单位已建立劳动关系，未同时订立书面劳动合同的，应当自用工之日起1个月内订立书面劳动合同。（　　）

2）劳动合同类型可分为：有固定期限劳动合同、无固定期限劳动合同和以完成一定工作任务为期限的劳动合同。（　　）

3）用人单位自用工之日起满1个月不与劳动者订立书面劳动合同的，视为用人单位与劳动者已订立无固定期限劳动合同。（　　）

4）用人单位违反《劳动合同法》规定，不与劳动者订立无固定期限劳动合同的，应当自订立无固定期限劳动合同之日起向劳动者每月支付两倍的工资。（　　）

5）在法定休假日劳动的，按照不低于工资的300%支付加班工资。（　　）

6）用人单位与劳动者协商一致，可以变更劳动合同约定的内容，可以采取口头形式。（　　）

7）劳务派遣单位和用工单位可以向被派遣劳动者收取一定的费用。（　　）

8）用人单位招用与其他单位尚未解除或者终止劳动合同的劳动者，给其他用人单位造成损失的，应当承担连带赔偿责任。（　　）

9）劳动者对工资支付承担举证责任。（　　）

10）用人单位应当按时缴纳工伤保险费，职工个人不缴纳工伤保险费。（　　）

活动二　试用期的权利

毕业生小冯被北京一家公司录用，和他一起进入试用期的还有另外6名新员工。他们被分到不同的部门实习，小冯到中关村大街一大型电子商城的公司摊位卖电子产品。

经理告诉他，让他站柜台，一是让他熟悉公司的业务，为以后工作打下基础；二是了解市场动态，听取顾客意见，以便于改进产品。3 个月试用期过后，小冯销售业绩相当不错，除了第一个月不太熟悉，销售额 5000 多元外，后两个月都超过了 20000 元。小冯想，这个业绩证明了自己的才能，公司没有不录用他的理由。经理让他回家等消息，可是快两个月了也没有动静，他给公司打电话，人事经理告诉他落聘了。后来得知，他们这批新来的 7 个人，一个也没有被录用。半年后，小冯有一次无意中来到这家公司的摊位，发现又一批新来的大学生在那里站柜台。

议一议：求职者在试用期内，享有哪些权益？

活动三　就业协议中的违约金

李某是某大学的研究生，2013 年 5 月李某以应届毕业生的身份与 A 公司及他所在的大学共同签订了毕业生就业协议书，并约定：A 公司同意录用李某；李某愿意到 A 公司就业；他所在大学根据国家有关规定负责将李某列入就业建议计划并予以派遣。任何一方不得违约，否则将承担违约责任。同年 6 月 2 日，李某被 A 公司派遣至其子公司 B 公司工作，后双方签订了为期 3 年的劳动合同。2014 年 11 月 9 日，李某提出辞职。在 B 公司的要求下，李某在离职时支付了违约金 20000 元。

此后，李某认为就业协议书是自己与 A 公司签订的，因此 B 公司无权按照就业协议书的约定收取违约金。为讨回这笔 20000 元违约金，李某将 A 公司和 B 公司都告上了法庭。A 公司和 B 公司则认为，自己收取违约金理由充分，拒绝退还。一审判决支持李某的诉讼请求。A 公司上诉称，李某提前离职违反了就业协议，应当支付相应的违约金。B 公司是代自己收取这笔就业协议约定的违约金，故要求驳回李某的诉讼请求。用人单位录用应届大学毕业生时，须与学校共同签订三方就业协议，在就业协议中常有相应的违约金条款。

议一议：毕业生就业后如果签订了劳动合同，一旦提前辞职，这笔违约金究竟应不应该支付？

活动四　情景模拟：身边的求职陷阱

组织办法：学生自由分组，结合所学内容，通过收集相关信息，模拟各种求职陷阱，自编自演。

活动分享：针对各组的表演内容，组织学生进行讨论和分享。

以下内容可以作为情景设计时的参考。

企业在招聘、面试中对学生权益的典型侵害主要包括以下几方面。

1）歧视行为。常见的是性别歧视。一些企业在招聘中不招收女性劳动者或提高同一岗位女性劳动者的学历、技能等方面的要求，变相对女性劳动者设置就业障碍。劳动法规定，女性劳动者和男性劳动者享有平等就业的权利。此外，还有形象歧视、身高歧视等。

2）虚假广告。一些企业在招聘会上为了招到好的毕业生，会夸大或隐瞒自己的某些情况。如果在这种企业中浪费了时间，可能会错失良机，错过真正适合自己的好的公司或岗位。如果你看中一家企业，事先对其进行调查和了解是非常必要的，可以尽量避免上当受骗。

3）侵害应聘学生的知情权。面试时，企业会向应聘学生提出各种问题来了解学生的情况，而当学生提出问题询问企业情况的时候，企业就会回避问题甚至迁怒于学生，这些都是侵害劳动者的知情权。

4）企业招聘的霸王条款。在人才市场供大于求的环境下，许多招聘霸王条款让大学生敢怒而不敢言。

（资料来源：佚名，2020. 就业权益自我保护[EB/OL]. https://wenku.baidu.com/view/4c7a1d1fdf36a32d7375a417866fb84ae55cc355.html，略有改动。）

第十一章　大学生自主创业

案例导读

一名毕业生的创业历程

"天行健，君子以自强不息"，有些人来到世界上总要多做点什么，我和乔布斯有一样的想法，活着就是为了改变世界，难道还有其他原因吗？这个社会很多人可能忘记了自己为什么而活，过分地道听途说。人应该在大学的时候形成自己的价值观，而在正确的引领下走下去，不管是为了梦想还是为了社会。

——邱航（江汉大学设计学院 2014 级环境艺术设计专业毕业生）

"石可破也，而不可夺坚；丹可磨也，而不可夺赤。"人应该支配习惯，而不能让习惯支配人。正因为如此，在大学期间邱航永远将自己的状态调整至最佳，因为他知道，不逼自己一把永远不知道自己有多优秀。

1. 坚持独立人格

高中时期，邱航就已形成了自己的独立人格。在很多人喜欢明星、追求明星时，邱航也有偶像，但他喜欢的偶像与众不同，如乔布斯、王澍、韩寒。在高中时，他已经知道自己以后要做一个什么样的人。高考时，他选择了艺术高考这条路，他总是喜欢挑战，常做出一些与众不同的创作，这让他在美术高考中以不错的成绩考入了江汉大学。邱航不是成绩最拔尖的，但他是最主动的。他向老师自荐，在每周班会课的前半节课，用自己的语言对一周要闻进行评论与发布，其实有点像脱口秀。这一活动收到了非常好的效果，隔壁班的同学都愿意来听，甚至高年级的同学都主动来听。在创业方面，高中时他已经有所尝试，他的淘宝店取得了可观的业绩。当时他的学习成绩并不突出，但他知道大学是培养独立人格、尊重独立人格的地方，所以他用了一年的努力考上了大学。

2. 冲出家乡，异常新鲜

古语说：“父母在，不远游。”当他一个人来到武汉时，他觉得作为一名年轻人，应该要有胆识、敢于去挑战一些困难。刚到大学，对学校的一切都感到很新鲜，看到大学里生活多姿多彩，他不禁感叹：“这才是我该来的地方。”大一的第一个月，他参加了零肆工作室竞聘，在最后一轮面试时，老师问他：“你的梦想是什么？”他毫不犹豫地回答：“我想改变世界。”这是他一直以来都在思考并践行的理想。

大一时，邱航通过网络推广服务赚得人生的第一桶金，也在大学建立了自己的团队，他突然发现大家一起做事、一起创业的感情既新鲜又美好。不仅如此，他还在学院建设会议上作为广东代表建言献策，为学校、为学院的建设提出了许多有用的建议。

3. 冲出课堂，挑战比赛

大二时，他参加了环艺工作室，也积极参加了很多比赛。他十分清楚自己的定位与优势，于是组建了自己的团队，擅长团队建设的他在短时间内把团队打造成一支具有很强凝聚力和战斗力的团体，参加了一年的比赛，斩获了不少奖项：在 2016 年 10 月的湖北省大学生信息技术创新大赛中获得一等奖；在第八届全国高等学校信息技术创新与实践活动中获得一等奖；他是“2016 江汉大学榜样的力量”中唯一获得校园之星并上台领奖的大三学生。邱航在大学期间共获得十余项国家及省市级比赛奖项。

4. 冲向社会，创业留汉

与此同时，他成立了武汉中艺开元教育科技有限公司，拥有面积达 500 平方米的实体店，在沌口的儿童教育行业已小有名气。在 2017 年湖北省大学生创业扶持项目中，他的公司获得了江汉大学最高 8 万元的扶持金额。他在 2017 年第六届市属高校大学生创业大赛中获得二等奖，也代表江汉大学成功晋级武汉市文创大赛决赛。

随着公司业务越做越大，他也越来越繁忙，但他始终没有忘记学校的荣誉高于一切，作为学生应该有所担当。2017 年 3 月，学院的辅导员找到邱航，想让他推荐一个合适的人进行开幕式的涂鸦活动。邱航找了一圈后发现，一些学生因为报酬不高，以各种理由拒绝。正在大家为这个问题焦虑的时候，在他的公司中发现了能够胜任的人，他毫不犹豫地组建了墙绘团队并承担起这个任务。

不仅如此，他还主动承担了帮助学校做好新青年下乡出征仪式的活动。在紧锣密鼓的筹备之后，不负众望地完成了任务。此次活动后，他也被各路媒体争相采访与报道，在《长江日报》的采访中他流露出了对武汉的感情，并决定留在武汉创业和生活。这对于他来说是一个巨大的变化，刚到武汉时他并没有想过要长久留在这里，当看到武汉蓬勃发展的前景，看到这个城市对大学生的迫切需要，他决定留下来，在这里继续开拓自己的事业。

（资料来源：根据江汉大学学生案例改编。）

第一节　创业的内涵与意义

一、创业的内涵

目前，我们正处在“大众创业、万众创新”的时代，国家大力支持大学生创业，也为大学生创业提供了很多优惠政策。但是创业，对个人来说是一项系统工程，它需要具备多方面的知识、能力和其他资源的统筹规划及综合运用。对于一个想创业的大学生来说，首先是要弄清楚什么是创业。

创业是创业者对自己拥有的资源，或通过努力对能够拥有的资源进行优化整合，从而创造出更大经济价值或社会价值的过程。

对于大学生而言，创业也是就业的另一种形式，是大学生毕业后不通过传统的就业渠道谋取职业，而是依靠自身的学识智慧、科技发明、专利成果等资源，通过独立或与他人合作开办公司、创办企业等形式开创自己的事业。

创业，对于在校大学生或是刚刚走出校门的大学毕业生来说，既新鲜，又充满困难和风险。相关调查数据显示，大学生创业的成功率在 1%左右，可见大学生创业难度有多大。那么，有学生就会问，既然创业成功率这么低，创业这么难，为什么还鼓励大学生去创业和学习创业课程呢？我们大学生创业的意义是什么呢？

创业的过程，是一个锤炼意志品质的过程，我们在追求目标的过程中战胜困难、超越自我，这种创业的经历就是一种财富，往往会带来意想不到的收获。我们鼓励大学生创业，学习创业知识，一方面是希望创业成功带来经济收益，另一方面即使创业失败了，也希望使大学生带着创业的意识走向职场，为最终高质量的就业拓展新的途径和思路。

二、大学生创业的意义

关于大学生创业的意义，我们归纳为以下 3 点。

（一）大学生创业能够促进国家经济发展和科技创新

在如今知识经济时代，创新决定着一个国家和民族的综合实力与竞争力。国家经济发展不仅需要大批具有创新精神和创业能力的人才，也需要一个完整的创业体系的支撑。

大学生创业可以不断地推动科技创新，推动新发明、新产品的出现，使市场体系更加完善，市场竞争主体结构更加合理化，对企业创新能力和企业核心竞争力的提高乃至我国国际竞争力的提升都具有非常重要的作用。

（二）大学生创业是新形势下解决就业难题的有效途径

2015～2020 年，我国历年高校毕业生数量不断增长，优质的就业岗位总是供不应求，所以从人才供求关系来看，供过于求、结构失衡状况是大学生不可忽视的现实。

根据麦可思 2020 年就业报告统计，2019 届本科毕业生自主创业比例为 1.6%，高职毕业生自主创业比例为 3.4%。随着毕业时间的延长，毕业生自主创业比例持续上升，毕业 3 年内上升至 8.1%。实践证明，大学生自主创业正在逐步缓解国家的就业压力，创业可以带动就业，提供更多的就业岗位，是解决就业难题的有效途径。

（三）大学生创业是实现个人价值的积极选择

大学生通过创业，可以把自己的兴趣和职业紧密结合起来，做自己最感兴趣、最愿意做和自己认为最值得做的事情，在五彩缤纷的社会舞台上大显身手，最大限度地发挥自己的才能，实现自己的人生梦想。

三、大学生创业环境的 SWOT 分析

近年来，国家对大学生创业的扶持力度不断加强，大学生创业的比例也不断攀高。大学生创业虽然享受社会发展带来的优惠，但也面临许多不容小觑的挑战。

（一）SWOT 分析法

SWOT 分析法是一种能够比较客观而准确地分析和研究一个单位现实情况的方法。其中，S 和 W 主要用来分析内部因素，O 和 T 主要用来分析外部因素。也就是说，我们在弄清自身的优劣势之后，还要与外部环境的机遇与威胁放在一起进行综合分析，发挥自己的优势，抓住机会，针对威胁因素采取相应措施，最后实现自己的目标与理想。

（二）运用 SWOT 分析法分析当前大学生创业环境

1. “S”——大学生创业的优势

1）大学生具有学科专业知识的优势。大学生在学校接受系统的专业知识理论和技能教育，这些知识为大学生在相关领域进行创新创业打下坚实的理论基础。例如，学习工商管理、经济、法律等专业的学生，拥有丰富的企业管理和经济法律相关知识；又如，学习计算机专业的学生，可以利用所学的专业知识创办高科技企业。

2）大学生具备较高的文化素养和综合能力。大学生在学校接受良好的教育与培养，文化素质较高，而且学校的社会实践和校园活动也培养了大学生的人际交往、协调沟通、团队合作等方面的能力，而这些能力都是创业者所需要的创业能力。

3）大学生敢于挑战新事物，富有创新和冒险精神。创业会面临很多不确定因素，存在诸多风险。大学生充满朝气和具有敢想敢做的拼搏意识，对新事物、新科技、新发

展更为敏感，拥有更为迅速的思维反应能力和变革创新能力。

2. “W”——大学生创业的劣势

1）大学生缺乏社会经验，对市场了解不够。很多在校大学生或是刚毕业的大学生，对市场需求理解不深，也很难做到充分的市场调查，对行业的动态发展和商业信息往往把握不准，不能全面地了解创业行情和进行理性的创业风险分析，对一些热门创业行业盲目跟从。

2）大学生创业资源不足，资金短缺。创业是一项对资金需求非常大的活动。在创业初期，不仅需要租赁办公场所和店铺，而且需要聘请工作人员，还需要维持公司运行的流动资金等。大学生没有稳定的收入来源，更没有积蓄，开发外部资源能力不足，能够获取资金支持的渠道较少。

3）大学生缺乏创业技能。大学生虽然掌握了一定的理论知识，但在实践能力和经营管理能力方面较为薄弱，且部分大学生急于求成、眼高手低，缺乏创业技能。这些都是大学生在创业方面的劣势。

3. “O”——大学生创业的机会

当前“大众创业、万众创新”的时代背景，是大学生创业的最好机遇。

一方面，从政策上看，近年来国家出台了一系列鼓励大学生自主创业的优惠政策，涵盖融资、税收、创业培养与指导等诸多方面。很多地区建设了大学生创业园，免费为大学生提供办公场地、启动资金、指导咨询等服务，帮助优质大学生创业项目落地开发。也有很多高校为大学生创业提供全面的支持与指导，如搭建校园孵化平台，开设大学生创业选修课，开展大学生创业大赛、创业论坛等活动，培养大学生创业兴趣，在实践中锻炼大学生的创业能力。从整体创业环境来看，当前给予大学生创业的支持力度非常大。

另一方面，从经济发展形势来看，国家经济的总体发展为大学生创业提供了更多可能。互联网的繁荣更为创业者提供了大好的创业平台，各种营销、推广甚至研发手段免费用，创业课程理念免费学，获得创业技能与经验也变得相对容易。

4. “T”——大学生创业的威胁

1）大学生创业竞争激烈，困难重重。很多大学生创业富有创意的想法，但要把好的想法变成好的产品，会受到资金、技术、团队等诸多条件的影响，而这些条件不是轻而易举就能够实现的。

2）创业心理压力大。大学生创业之初基本靠家庭给予部分资金或是创业贷款，但随着不断地运作，可能会出现资金运转不开等问题。大学生在创业过程中，背负着很大的经济压力。在创业过程中，遇到的孤独、焦虑、失落、恐惧、患得患失也是常人难以理解的，在创业过程中面临着巨大的心理压力。大学生是否有强大的心理素质来承受这些压力，是大学生创业面临的威胁。

第二节 创业精神与创业素质

一、创业精神

创业精神，又称为企业家精神，它是创业者在市场竞争中不断开拓进取、创造新价值的精神。创业精神是社会所必需的一种创新精神，并且正是因为拥有了这种创新精神才会推动社会的发展。创业是一个创新的过程，在这个过程中，新产品或新服务被确认、被创造，最后被开发出来产生新的财富创造能力。也就是说，创业精神的本质在于创新，在于为消费者创造出新的满足、新的价值。

创业精神是创业者在创业过程中的重要行为特征的高度凝练，主要表现在以下几方面。

1. 创新精神

创业者不仅仅是指在经济活动中从事创新活动的人，无论他是做什么的，无论他是工人、农民或者学生，只要他在创新，那么就可以称为创业者。这种对于创业者的理解虽然有些夸大，但这正是德鲁克所强调的创新的意义。

2. 冒险精神

在创新过程中不可避免地要遇到挑战和承担风险，所以创新精神的内涵中必然包括承担风险和挑战不确定性的冒险精神。

3. 合作精神

单枪匹马可以成就一番事业，但是团结任何有利于成功的力量，成功的概率会更大。在创业精神中，个人英雄主义并不能占主导地位，反而团队意识、合作精神是其价值核心。在这种团队合作的过程中也是符合人们所说的创业者通过组合不同的要素形成一个新的生产关系，从而达到价值创造的过程。将不同的人组合到一起，开发其各自的优势资源，从而达到利益最大化的合作过程就是合作精神的一个重要体现。

4. 社会责任

伟大的创业者不只是为了实现个人的财富梦想而创业的，还是为了帮助普通人实现自己梦想的责任而努力。创业精神中也包括创业者必须承担社会责任并拥有甘于奉献的精神。

随着 80 后、90 后创业人士的涌现，年轻一代创业最重要的变化就是他们对精神层面的追求更为纯粹，社会责任成为他们构建新的商业模式时主动考虑的重要组成部分。

二、创业素质

创业是一项非常复杂的系统工程，涉及内容非常广。大学生在创业过程中，应该具备以下创业素质。

1）需要具备创业知识。这里的创业知识是指一系列的知识，包括商业机会、消费者、市场竞争、企业管理、技术等。创办一个企业，如果只了解商业知识，而没有进行全方位的调研，学习相关的创业知识，是很难创业成功的。

2）需要具有创业技能。这里的技能是指应用知识的能力。这个技能可以是技术技能，也可以是管理技能。例如，在技术上的工程、计算、木工、机械等，在管理上的市场营销、财务管理、组织、计划等。在创业过程中，如果没有技能，那么即使具备知识也没有应用价值。

3）需要具有创业特质。特质是个人特有的品质和特征组成的集合。美国国际开发署研究总结出了成功创业者的 14 个特质：积极主动、执着、关心质量、注重效率、有独创的解决问题的方法、预测风险、有说服力、发现和利用机会、亲自寻找信息、履行合同、系统地计划、有自信心、有决断力、使用有影响的策略。这是成功创业者所需要具备的特质。

大学生创业，如果具备知识、技能、特质这三方面的素质和能力，那么在创业过程中就比较容易控制风险，遇到困难能够克服，成功的概率就会增加。

第三节 大学生创业概述

一、组建创业团队

创业团队是指在创业初期（包括企业成立之前和成立早期）有一群才能互补、责任共担、愿为共同的创业目标而奋斗，并能做到利益让渡的人所组成的特殊群体。在创业这条路上，寻找一流的创业伙伴、组建一支优秀的创业团队并不是一件容易的事。很多创业失败的案例告诉我们，并非一群掌握着先进技术或高学历的人聚在一起就能组建一支成功的创业团队。实践证明，组建创业团队的理念和方法并没有定式，但大多遵循共同的原则和程序。下面介绍组建创业团队的原则和程序。

（一）组建创业团队的原则

组建创业团队有一定的原则，可以归纳为以下 4 点。

1）人数合理。一般情况下，创业团队的人数最初控制在 3～6 人最为合适。如果团队的人数少，则团队的群体效应就发挥不出来；如果团队的人数多，则团队的思想不容易统一。因此，只有人数合理，才便于领导，便于将任务进行分工协调，从而提高办事效率。

2）技能互补。团队中应该包括的基本人才有管理型人才、营销型人才、技术型人才等。

3）目标统一。目标在团队组建过程中是一种有效的激励因素，既能帮助团队看清未来的发展方向，又能激励团队克服困难，从而取得创业成功。

4）动态开放。创业过程是一个充满不确定性因素的过程。团队中可能因为能力、观念等多种原因而不断有人会离开，也会有新的人加入。在组建创业团队时，应注意保持团队的动态性和开放性，使真正匹配的人才被吸纳到创业团队中来。

（二）组建创业团队的程序

组建创业团队的程序如下。

1）明确创业目标。创业团队的总目标就是通过完成创业阶段的各项工作，实现企业从无到有、从起步到成熟。总目标确定之后，再将总目标加以分解，设定若干可行的、阶段性的子目标。

2）制订创业计划。创业计划是以团队为整体来考虑的计划，它确定了在不同的创业阶段需要完成的阶段性目标，通过逐步实现这些阶段性目标来最终实现创业的总目标。

3）招募合适的人员。招募合适的人员应考虑以下两方面。①互补性，即其能否与其他成员在能力或技术上形成互补。这种互补性的形成，既有助于强化团队成员间彼此的合作，又能保证整个团队的战斗力，从而更好地发挥团队的作用。②规模适度，即适度的团队规模是保证团队高效运转的重要条件。

4）职权划分。为了保证团队成员执行创业计划、顺利开展各项工作，必须预先在团队内部进行职权划分，即确定每个团队成员所要担负的职责及所享有的相应权限。

5）构建创业团队的制度体系。这种制度体系主要体现了创业团队对成员的控制和激励能力，包括团队的各种约束制度和各种激励制度。

6）团队的调整融合。完美的创业团队并非在创业开始时就能建立起来，很多时候是在企业创立一定时间后，随着企业的发展逐步形成的。在团队运作过程中，团队组建时在人员匹配、制度设计、职权划分等方面的不合理之处会逐渐暴露出来，这时需要对团队进行调整融合。由于问题的暴露需要一个过程，团队的调整融合也应是一个动态持续的过程。

二、大学生创业的模式

就创业而言，没有哪一种固定的模式可以保证创业者一定能够成功。创业者需要根据自身的实际情况选择适当的创业模式，才有可能取得成功。大学生创业模式主要有以下几种。

（一）互联网创业

互联网的出现开启了一个崭新的信息时代，这个时代在改变人们生活与行为方式的同时，也提供了一种全新的创业方式。

目前，互联网创业有很多形式：网上开店、创办网站、App 软件开发、网上自由职业、微商等。互联网创业模式的优点是门槛低、成本少、风险低、方式灵活，比较适合刚刚起步创业的大学生。不过，对于初次尝试互联网创业的大学生而言，建议要先进行多方面的调研，在网上开店时要选择既适合自己产品特点，又具有较高访问量的电子商务平台，如淘宝、拼多多、阿里巴巴、京东等知名商务网站，拥有较完善的交易系统、交易规则、支付方式等，依托这些比较成熟的电子商务平台成功概率会大大增加。

（二）实体创业

实体创业是指通过注册公司，开展主营业务，并有固定经营场所的创业活动。在实体创业中，以加盟、连锁创业为主。对于大学生创业者而言，不妨尝试加盟创业模式。与个人创业相比，加盟创业能够为大学生创业者提供已有的品牌、规范的运营模式和健全的市场机制等一系列成熟的经营模式。它分享品牌资源、分享经营诀窍、分享资源支持的特点可以为大学生创业者降低创业风险。

（三）个人独资或合伙制

个人独资或合伙制是最常见的大学生创业模式，是指大学生个人或者几个人创办的“工作室型”的小企业。“工作室型”创业要求创业者拥有较新的创意或具备较强的专业技能。因为大部分工作室都是以技术为产品，如录音工作室、广告设计工作室、摄影工作室等。

（四）知识型创业

知识型创业是指大学生将自己拥有的专长或技术发明转化为直接的生产力，通过“知本+资本”的方式发展成企业。“知本”是指大学生创业者具备某一专业、技术特长，或成功研制一项新产品、新工艺；“资本”是指投资者的风险投资。知识型创业主要集中于电子信息、生物技术、高科技农业等技术含量高、知识密集型的行业。

（五）模拟孵化

对于想创业又缺乏资源的大学生而言，可以考虑模拟孵化模式，如参加创业大赛或者进入创业孵化基地，它们可以提供锻炼的机会和展示的舞台。大学生可以通过这类平台熟悉创业程序、储备创业知识和经验，通过详细的商业计划书，吸引风险投资商投资。

总之，不同的创业模式要求的素质和条件是不同的，准确判断自己的优势和劣势，选择最适合自己的创业模式，可以避开很多障碍，少走很多弯路，更容易取得创业成功。

三、大学生创业的步骤

创业是一个过程，机会的识别与开发是创业的核心要素之一。创业过程由创业者、机会识别、机会开发及创业结果组成。在创业过程中，创业者是核心要素，决定了机会的识别与开发。图 11-1 所示为创业步骤的概念模型。

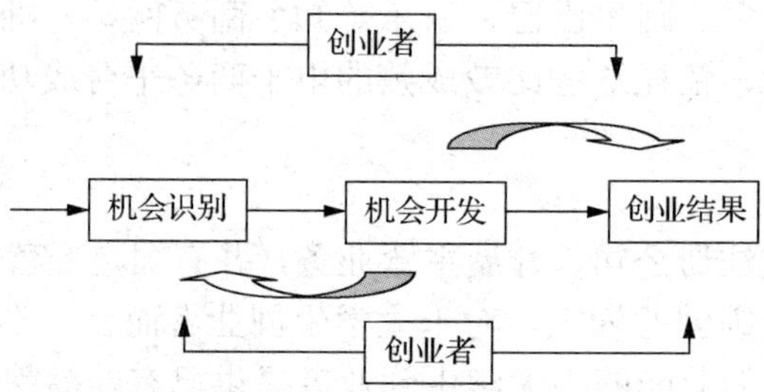

图 11-1　创业步骤的概念模型

大学生创业的步骤如下。

1. 创业机会的识别

识别创业机会是创业过程的第一步。市场机会有很多，但是如何去寻找和识别真正有价值的创业机会，是创业最关键的问题。识别创业机会有以下几种常用方法。

（1）通过系统分析发现机会

我们所处的环境不断在变化，如宏观环境中的政治、法律、经济等，微观环境中的顾客、竞争对手、供应商等，从环境变化中去发现创业机会，这也是机会发现的一般规律。阿里巴巴创始人马云，第一次接触互联网是去美国西雅图看一个朋友，在朋友的计算机搜索引擎上输入单词“bear”这个词时，结果只找到了美国和德国的品牌，于是他就萌生了利用互联网帮助中国企业走向世界的想法。1999 年，他在杭州创建了阿里巴巴，如今我们使用淘宝、天猫网购，使用支付宝便捷支付，阿里巴巴完成了电子商务王国布局。马云准确识别出了市场机会，并抓住了中国互联网发展和技术变化的机遇，造就了一个从无到有的商界神话。

（2）通过问题分析和顾客建议发现机会

问题分析就是要找出顾客需求和他们所面临的问题，这些问题可能很明确，也可能很模糊。问题分析需要全面了解顾客需求，以及可能用来满足这些需求的手段。顾客的建议多种多样，很多创业机会都是从顾客的建议和反馈中寻找出来的。

（3）通过创造获得机会

通过创造获得机会常用于新技术行业。如果你发现了一个普遍的问题，用新技术去解决这个问题，将小问题解决到极致就是最好的创业机会。例如，互联网+、云计算、人工智能、区块链、AI、大数据等，带来大量的技术研发、技术应用和技术生态的创业机会。这种创业机会难度较大、风险也更高，但如果能取得成功，它的回报也会更大。

对于创业机会，有些人能够识别出来，但却不能自己把握，如果自己缺乏相应的必备条件和因素，盲目行动带来的后果往往是血本无归。大公司对机会的识别可以借助周密的调查研究，但大学生创业往往依据的是自己的工作经验和创意想法、朋友的建议等。大学生创业者识别创业机会时，首先要看自己是否具备开发创业机会的条件，也就是说要注重自己与创业机会的匹配，然后要对创业机会的价值做出判断和市场测试，这样识别出的创业机会才是可行的。

2. 企业的创建

创业者在完成创业环境分析、发现创业机会、确定事业内容之后，就可以创建企业了。企业的创建需要进行大量的准备工作，其中创业计划、创业融资和注册登记尤为关键。

一个别出心裁的创意、一个稍纵即逝的点子、一件意想不到的突发事件都有可能成为创业的契机，但创业的关键是看这些“创意”“点子”“事件”能否形成一个周密的创业计划。创业计划是对创建企业基本思想的阐述及相关事项的具体安排，通常以商业计划书的形式呈现。

创业计划不仅是创业者对创业思想及具体事宜的归纳和整理，而且能够成为风险投资者选择创业项目的依据，直接影响新创企业的融资。尽管可供选择的融资渠道和融资方式有很多，但获得资金上的支持绝不是一件容易的事情，资金往往成为新创企业的“瓶颈”。因此，创业融资在企业的创建过程中至关重要。

当创业者完成创业计划并获得融资之后，就可以按照法定的程序进行注册登记。该部分包括确定企业的组织形式、设计企业名称、向市场监督管理部门提出企业登记注册申请、领取企业法人营业执照等内容。

3. 管理体系的形成

完成注册登记意味着新创企业在法律上得到认可，宣告企业法人的正式成立。通常，新创企业在创立之初受业务量、资金、场地、人员等客观条件的限制，不可能像大企业那样拥有系统的管理机构，各个部门的职能划分并不严格，创业者团队的分工也不明确。但是，随着业务量的上升和人员的增加，形成系统的管理体系就成为当务之急。管理体系的形成是企业成长的一个重要前提。尽管不同规模、不同行业的企业情况有所不同，但是管理体系应该包括会计控制、营销管理、人力资源管理和技术管理等内容。

由于新创企业规模小、资金实力薄弱、营运资金周转量低，所以加强内部会计控制对新创企业的成长至关重要。会计控制不仅要求创业者具备基本的会计知识，还要求财会人员具有良好的业务素质与职业道德，并在企业内部建立严格规范的内部会计。新创企业的成长离不开市场对企业所提供产品或服务的认可。相对于成熟企业而言，新创企业在行业内属于后发者，因此能否在短期内通过营销管理在市场上占有一席之地直接关系到创业的成败。寻找目标市场、产品的研制与开发、确定价格和销售渠道、整合销售手段等构成营销管理的主要内容。

在各类经营资源中，人力资源是唯一具有能动性的资源，因此新创企业的成长离不开人力资源管理，重点在于如何维持和发展创业团队。如果创业团队能够团结一致、锐意进取，就能够为企业的成长提供良好的人才保证；反之，如果创业团队缺乏凝聚力，势必会引起管理的混乱，导致团队成员各自为政、分道扬镳。

新创企业的一个重要特点在于技术创新，因此技术管理成为管理体系中不可缺少的环节。新创企业为了能够形成和维持核心竞争力，有必要强化技术管理。技术管理包括科研团队的形成、科研经费的取得、科学技术情报的获取等内容。

4. 新创企业的发展

新创企业在市场上的地位相对稳定后，可能会因为市场需求的变化或者竞争对手的超越，逐渐丧失在原有技术、服务、管理等方面的优势，难有更大的市场突破。于是，寻求新的发展空间就成为发展的必由之路。

新创企业的扩张既包括开拓新的市场（包括地区市场、国内市场和国际市场），也包括业务的多元化；既包括企业规模的扩大，也包括管理水平的提升。新创企业扩张的方式也是多种多样，既可以通过企业内创业来实现，也可以通过并购获得技术和资源、突破市场的壁垒来实现。

企业之间的竞争可以分为许多层次，如价格、产品、技术、品牌、知识及企业文化等。可以说，企业走向成熟的标志是能够形成一定的品牌，在品牌、知识和企业文化等方面形成竞争优势，而不是单纯依靠价格、产品和技术来赢得市场。

第四节 创业计划书的撰写

一、创业计划书的构成

创业计划书通常包括封面、保密要求、目录、摘要、正文、附录几部分。

（一）封面

封面可以放一张企业的项目或产品彩图，但需留出足够的版面排列以下内容：创业计划书编号、公司名称、项目名称、地址、电话、传真、电子邮件、联系人、公司主页、日期等。

（二）保密要求

保密要求可以放在封面，也可以放在次页，主要是要求投资方项目经理妥善保管创业计划书，未经融资企业同意，不得向第三方公开创业计划书涉及的商业秘密。

（三）目录

目录标明各部分内容及页码，要注意确认目录页码与内容的一致性。

（四）摘要

摘要是对整个创业计划书的概括，目的在于用最简练的语言将创业计划书的核心、要点、特色展现出来，吸引阅读者仔细读完全部文本，因而一定要简练，一般要求在两页纸内完成。摘要十分重要，它是投资者首先要看的内容，因而必须能让投资者有兴趣并渴望得到更多信息，给投资者留下深刻的印象。摘要应从正文中摘录出投资者最关心的问题，包括公司内部的基本情况、公司的能力及局限性、公司的竞争对手、营销和财务战略、公司的管理队伍等情况的简明而生动的概括。

（五）正文

正文是创业计划书的主体部分，要分别从公司的基本情况，经营管理团队，产品、技术或服务，技术研究与开发，行业及市场预测，市场营销策略，产品制造，经营管理，融资计划，财务预测，风险控制等方面对投资者关心的问题进行介绍，要求既要有丰富的数据资料，使人信服，又要突出重点、实事求是。

（六）附录

附录是对正文中涉及的相关数据、资料的补充，作为备查。

二、创业计划书的写作

创业计划书的内容与写作要点如下。

（一）摘要

摘要是为了吸引战略合伙人或风险投资人注意而将创业计划书的核心提炼出来制作而成的，它是整个创业计划书的精华，涵盖创业计划书的要点。一般要在后面所有内容编制完毕后，再把主要结论性内容摘录于此，以求一目了然，在短时间内给投资者留下深刻印象。

摘要如同推销产品的广告，编制人要反复推敲，力求精益求精，形式完美，语句清晰流畅而富有感染力，特别要详细说明自身企业的不同之处及企业获得成功的市场因素。

（二）企业介绍

企业介绍是向战略合伙人或风险投资人介绍融资企业或项目的基本情况。

如果企业处于种子期或创建期，现在只有一个美妙的商业创意，那么应重点介绍创业者的成长经历、求学过程，并突出其性格、兴趣爱好与特长、创业者的追求、独立创业的原因及创意如何产生等。

如果企业处于成长期，应简明扼要介绍公司过去的发展历史、现在的状况以及未来的规划。具体而言，包括公司概述、公司名称、地址、联系方法；公司的业务状况；公司的发展历程；对公司未来发展的详尽规划；本公司与众不同的竞争优势；公司的法律地位；公司的公共关系；公司的知识产权；公司的财务管理；公司的纳税情况等。在描述公司的发展历程时，正反的经验都要写，特别是对以往的失误，不要回避。对失误进行客观的描述、中肯的分析，反而能够赢得投资者的信任。

（三）管理团队介绍

管理团队介绍是投资者非常看重的部分。这部分主要是向投资者展现企业管理团队的结构、管理水平和能力、职业道德与素质，使投资者了解管理团队的能力，增强投资的信心。

这部分主要介绍管理团队、技术团队、营销团队的工作简历、取得的业绩，尤其是与目前从事工作有关的经历。另外，可以着重介绍企业目前的管理模式，如果无特色，也可以不介绍，或者归入劣势部分。

在编写过程中，必须对公司管理的主要情况做一个全面的介绍，包括公司的主要股东及他们的股权结构、董事和其他一些高级职员、关键的雇员以及公司管理人员的职权分配和薪金情况，必要时还要介绍他们的经历和个人背景。企业的管理人员应该是互补型的，而且要具有团队精神。企业必须要具有负责产品设计与开发、市场营销、生产作业管理、企业理财等方面的专门人才。

此外，这部分还应对公司的组织结构做一下简要介绍，包括公司的组织结构图、各部门的功能与责任、各部门的负责人及主要成员、公司的薪酬体系等。

这部分应让投资者认识到，创业者具有与众不同的凝聚力和团结战斗精神，管理团队人才济济且结构合理，在产品设计与开发、财务管理、市场营销等各方面均具有独当一面的能力，足以保证公司以后成长发展的需要。

（四）产品、技术或服务介绍

在进行投资项目评估时，投资人最关心的问题之一就是企业的产品、技术或服务能否以及在多大程度上解决现实生活中的问题，或者企业的产品、技术或服务能否帮助顾客节约开支、增加收入，这是市场销售业绩的基础。

产品、技术或服务介绍一般包括以下内容：产品的名称、特性及性能用途；产品处于生命周期的哪一阶段，市场竞争力如何；产品的研究和开发过程；产品的技术改进、更新换代或新产品研发计划及相应的成本；产品的市场前景预测；产品的品牌和专利。

这一部分要对产品、技术或服务做出详细的说明，说明既要准确，也要通俗易懂，让不是专业人员的投资者也能明白。一般地，产品介绍要附上产品原型、照片或其他介绍。

此外，对于一些以技术研发为重点的高新技术企业来说，还要对相关技术及其企业的研发情况进行分析，包括企业技术来源、技术原理、技术先进性、技术可靠性，企业的技术研发力量和未来的技术发展趋势，企业研究开发新产品的成本预算及时间进度，技术的专利申请、权属及保护情况，技术发展后劲和技术储备等，以使投资者对企业的技术研发队伍的实力、企业未来竞争发展对技术研发的需要有所了解。

（五）行业分析与市场预测

行业分析主要介绍行业发展趋势、行业发展中存在的问题、国家有关政策、市场容量、市场竞争情况、行业主要盈利模式、市场策略等。

市场预测主要对企业所在行业的基本情况、企业的产品或服务的现有市场情况、未来市场前景等进行分析和预测，使投资者对企业的产品或服务的市场销售状况有所了解。这是投资者关注的重点问题之一。

（六）市场营销策略

在介绍市场营销策略时，创业者要讨论不同营销渠道的利弊，要明确哪些企业主管专门负责销售，主要适用哪些促销工具，以及促销目标的实现和具体经费的支出等。

一般来说，中小企业可以选择的市场营销策略主要有以下几种。

1）集中性营销策略。该策略是企业只为单一的、特别的细分市场提供一种类型的产品（如制造汽车配件）。该策略适用于财力有限的小公司，或者是为某种特殊类型的顾客提供服务方面确有一技之长的组织。

2）差异性营销策略。该策略是为不同的市场设计和提供不同类型的产品。这种营销策略通常被实力雄厚的大公司所采用。

3）无差异性营销策略。该策略是只向市场提供单一品种的产品，希望它能引起市场上全部顾客的兴趣。当人们的需求比较简单，或者并不被人们认为很重要时，该策略较为适用。

（七）生产计划

生产计划旨在使投资者了解产品的生产经营状况。这部分应尽可能把新产品的生产制造及经营过程展示给投资者。生产计划主要包括以下内容。

1）公司现有的生产技术能力，企业生产制造所需的厂房、设备情况。

2）质量控制和改进能力。

3）新产品的生产经营计划，改进或将要购置的生产设备及其成本。

4）现有的生产工艺流程，生产周期标准的制定及生产作业计划的编制。

5）物资需求计划及其保证措施，供货者的前置期和资源的需求量。

6）劳动力和雇员的有关情况。

同时，为了增大企业的评估价值，创业者应尽量使生产制造计划详细、可靠。

（八）财务分析与预测

财务分析与预测包括公司过去若干年的财务状况分析、今后三年的发展预测，以及详细的投资计划。旨在使投资者据此判断企业未来经营的财务状况，进而判断其投资能否获得理想的回报，因而它是决定投资决策的关键因素之一。

财务预测的依据、前提假设是投资者判断企业财务预测准确性和财务管理水平的标尺，也是投资者关注的焦点。其主要依据和前提假设是企业的经营计划、市场分析。由于财务分析预测在公司经营管理中的重要地位，企业需要花费较多的精力来做具体分析，必要时最好与专家顾问进行商讨。

对于中小企业来说，财务预测既要为投资者描绘出美好的合作前景，又要使这种前景建立于坚实的基础之上，否则会令投资者怀疑企业管理者的诚信或财务分析、预测及管理能力。

（九）融资计划

融资计划主要根据企业的经营计划提出企业资金需求数量，融资的方式、工具，投资者的权益、财务收益及其资金安全保证，投资退出方式等，它是资金供求双方共同合作前景的计划分析。

融资计划主要包括以下内容。

1）融资数额是多少？已经获得了哪些投资？希望向战略合伙人或风险投资人融资多少？计划采取哪种方式融资，是以贷款、出售债券的形式筹集，还是以出售普通股、优先股的形式筹集？

2）公司未来的资本结构如何安排？公司的全部债务情况如何？

3）公司融资所提供的抵押或者质押的担保文件，包括以什么物品进行抵押或者质押，什么人或者机构提供担保？

4）投资收益和未来再投资的安排如何？

5）如果以股权形式投资，双方对公司股权、控制权、所有权比例如何安排？

6）投资者介入公司后，公司的经营管理体制如何设定？

7）投资资金如何运作？投资的预期回报是多少？投资者如何监督、控制企业运作？

8）对于吸引风险投资的，风险投资的退出途径和方式是什么，是企业回购、股份转让还是企业上市？

融资计划是融资协议的主要内容，企业既要对融资需求、用途提出令人信服的理由，又要有令人心动的投资回报和投资条件，还要注意维护企业自身的利益。其基础是企业的财务分析与预测。

与资金供给方合作的模式有多种，因此还需设计几种备选方案，给出不同盈利模式下的资金需要量及资金投向。

（十）风险分析

风险分析主要是向投资者分析企业可能面临的各种风险、风险的大小以及融资者将采取何种措施来降低或防范风险、增加收益等。

风险分析主要包括以下内容。

1）企业自身各方面的限制，如资源限制、管理经验的限制和生产条件的限制等。

2）创业者自身的不足，包括技术上的、经验上的或者管理能力上的欠缺等。

3）市场的不确定性。

4）技术产品开发的不确定性。

5）财务收益的不确定性。

6）针对企业存在的每一种风险，企业进行风险控制与防范的对策或措施。

对于企业可能面临的各种风险，融资者最好采取客观、实事求是的态度，不能因为其产生的可能性小而忽略不计，也不能为了增大获得投资的机会而故意缩小、隐瞒风险因素，而应该对企业所面临的各种风险认真加以分析，并针对每一种可能发生的风险做出相应的防范措施，这样才能取得投资者的信任，也有利于引入投资后双方的合作。

（十一）附件和备查资料

附件主要是对创业计划书中涉及的一些问题的细节和相关的证书、图表进行描述或证明，如企业的营业执照、公司章程、验资审计报告、税务登记证、高新技术企业（项目）证书、专利证书、鉴定报告、市场调查数据、主要供货商及经销商名单、主要客户名单、场地租用证明、公司及其产品的介绍、宣传资料、工艺流程图、各种财务报表及财务预估表、专业术语说明等。它与创业计划书的主体部分一起装订成册。备查资料只需列出清单，待资金供给方有投资意向时查询。

第五节 大学生创业过程中应注意的常见问题及对策

一、大学生创业过程中应注意的常见问题

1. 眼高手低，盲目跟风

这是许多大学生创业的“通病”。比尔·盖茨的神话，使IT业、高科技产业成为大学生眼中的创业金矿，以致不少大学生不屑于从事服务业或技术含量较低的行业。其实，高科技创业项目往往需要一大笔启动资金，创业风险和压力都非常大，大学生期望值过高，对行业缺乏深度审视，对市场缺乏深刻了解，很容易失败。另外，大学生创业者在确定经营方向时爱盲目跟风，哪行赚钱做哪行，总认为这样能减少投资风险，少走弯路。然而，市场运作有其自然周期，当市场过于饱和时，利润空间就会缩小。

2. 经验匮乏，纸上谈兵

缺乏经验是目前大学生创业中普遍存在的问题，不少大学生创业者不习惯对其产品或项目做市场调查，而是进行理想化的推断。例如，如果有1万人需要我们的产品，每件售价10元，我们就有10万元的收入，这种想当然的想法显然是站不住脚的。同时，没有切实可行的创业计划，缺乏从职业角度整合资源、实施管理的能力，这是大学生创业失败的另一个重要原因。

3. 感情用事，刚愎自用

由于创业团队的成员大多是自己熟悉的人，在创业初期，大学生的社会与人生经验不足，常常感情用事，对于企业中出现的经营方向问题、用人问题、财务问题等大都以忍让、和解的方式处理，而忽视了必备的契约签订和严格的约束制度。同时，大学生又正值盛年，自信心较强，在创业中容易出现刚愎自用的问题。随着企业的成长和发展，这种工作关系引发的矛盾和问题会逐渐显露，不仅不利于企业的快速发展，而且可能导致企业步入破产境地，这些都影响了创业的成功。

4. 贪大求全，灵活不足

企业在创建以后，很多创业者出现了过分追求成长速度的问题，尤其是当企业效益逐渐凸显后，创业者只看到眼前利益，缺乏严密的分析，付出全部成本（包括人力、物力和财力），一味地扩大经营规模，而不考虑随之而来的资金吃紧、原材料供应不上、人员紧张、销售不畅等一系列问题，这无异于拔苗助长。一旦出现问题，若不能及时调整、改变策略，则企业的破产会为时不远。

5. 缺少创新，知识产权意识淡薄

大学生创业大多立足于技术项目，因此，创业项目是否具有创新性，就成为大学生创业能否成功的首要条件。以往不少大学生创业失败，其中一个重要原因就是忽视技术创新，拿不出有自主知识产权的创造发明，或是有了发明却缺乏自我保护意识，没有及时申请知识产权。

6. 缺乏信用，随意毁约

大学生创业，要讲求商业信用，有的大学生创业失败的原因就是缺乏商业信用，稍有不满就肆意毁约，这种不负责任的态度，直接导致信用危机，企业要想维持下去，恐怕很难。

7. 心理脆弱，意志不坚

有的大学生心理承受能力较差，对创业中的各种困难估计不足，一次营销决策失误、一次小型财务危机抑或是一次上门推销失败，都会让他们在心理上受到挫折，感到创业的艰难，进而影响他们的创业激情。

8. 管理混乱，安排失当

大学生第一次创业，没有工作经验，对于企业运营知之甚少，创业团体在短时间内组成，没有磨合，不懂得怎样合理利用时间，管理混乱。

二、大学生创业过程中常见问题的应对策略

1）创业需要理智而不是冲动，需要冷静而不是狂热。选择好创业项目是创业成功的关键。大学生创业者首先要调整好心态，客观分析自身的创业条件，冷静分析创业环境，切忌盲目跟风、过于自负，一定要选择自己最熟悉、最擅长、最有经验、资源最丰富的行业来做。对选择的创业项目要多提问题：是否有市场发展价值？前期投资是否太多？何时可收回成本？等等。第一步走稳了再走第二步。

2）大学生创业不能“纸上谈兵”，在创业初期一定要做好市场调研，一些可行性研究也可以委托专业机构来进行，在了解市场的基础上，制订详细、周密的创业计划。同时，应具备一定的企业管理及市场营运知识和经验。即使是两三人的“办公室式”的小企业，也要有明确的财务、人事制度。有条件的话，可聘请有管理经验的会计师把关。

3）在强调团队合作的今天，团队精神是大学生创业者不可缺少的素质。因此，大学生创业者在创业过程中，要头脑清醒，既要明白创办企业事事要有章法，不能感情用事，又要摆正自己在团队中的位置，虚心接受其他成员的不同意见，取长补短，积聚创业实力，只有这样才能使企业步入正轨，健康发展。

4）没有长远战略规划的企业是不长久的。对于小企业来说，稳健发展要比成长更

重要，如果每年能有盈利，更要放眼长远，妥善处理好资金预算、市场预测，以及材料、人员等相关要素的协调管理问题。若出现问题，要善于总结和吸取教训，做出适当调整，为将来积蓄力量。同时，要为自己明确一个可持续发展的创业计划，扎扎实实，按部就班，逐步把企业做大做强。

5）大学生创业应选择自主知识产权明确的项目，并根据市场动态做好产品的创新工作。同时，应加强自我保护，及时申请专利，使企业有序、稳步地发展。

6）当今市场经济已进入诚信时代，作为一种特殊的资本形态，诚信日益成为企业的立足之本与发展源泉。大学生既然选择了创业之路，就要遵守商业信用，应把信用放在第一位，以此赢得客户的信赖，这样才能使自己的企业得到长久的发展。

7）成功与失败往往只有一步之遥，创业过程中遇到各种问题与麻烦，这是十分正常的现象。大学生要正确看待，不要遇到挫折就放弃，要有良好的心理承受能力和坚强的毅力，要经得起打击。同时，要分析失败的原因，找到自己的弱点与不足，并加以改正，企业自然就会焕发新的活力。

8）创办企业必须精打细算，时间安排要合理。在创业初期资金较为紧张，对各项开销都要精打细算，节约成本，增加收入。同时，要有长时间工作的心理准备，对每天的工作情况、进度要做出总结，对第二天的工作要做出计划。这样工作起来才能井然有序。

训练活动

活动一　评估你的创业精神

下面的4道题目，请根据自己的第一印象选出符合自己情况的答案。

1）假设你面前有一瓶能预测未来的魔法水，喝掉一整瓶就会知道自己一生所有的事情，你会如何对待这瓶水？（　　）

A. 一饮而尽

B. 只喝一点

C. 喝一半

D. 不喝

2）请你回答：创业的定义是什么？（　　）

A. 马上翻书或看讲义

B. 马上思考和回忆之前讲的概念

C. 马上闪现某个熟悉的案例或创业领袖

D. 马上想到身边的某个人、某件事、某个场景……

3）假如你所在小组因某人违规而被罚，你会（　　）。

A. 觉得无所谓，罚不罚与我无关

B. 觉得这人太可恶，连累我们小组整体成绩

C. 觉得没关系，我们还可以共同努力

D. 我一定要把被罚的赢回来

4）有以下4个创业机会，你会优先选择（　　）。

A. 学校门前开网吧

B. 开办一家培训学校

C. 开网店

D. 成立一家帮助贫困生就业的公司

分数统计：每题各选项得分如下。

1）A=2　B=3　C=1　D=0

2）A=0　B=1　C=2　D=3

3）A=0　B=1　C=3　D=2

4）A=0　B=2　C=1　D=3

结果说明：

6分以上，说明你具备基本的创业精神，可以通过学习和历练开启自己的创业之旅。

（资料来源：佚名，2020. 创业基本认知参考[EB/OL]. https://wenku.baidu.com/view/7e94b120ab00b52acfc789eb172ded630a1c9813.html，略有改动。）

活动二　评估你的创业潜力

你是否适合创业？有多少创业潜力？下列测验可以帮助你确定自己是否适合加入创业的行列。请在下面的问题后回答“是”或者“否”。

1）你是否曾经为了某个理想而设下两年以上的长期计划，并且按计划进行直到完成？（　　）

2）在学校和家庭生活中，你是否能在没有父母及师长的督促下，就可以自觉完成分派的工作？（　　）

3）你是否喜欢独自完成自己的工作，并且做得很好？（　　）

4）当你与朋友们在一起时，你的朋友是否经常寻求你的指引和建议？你是否曾被推举为领导者？（　　）

5）求学时期，你有没有赚钱的经验？你喜欢储蓄吗？（　　）

6）你是否能专注地投入个人兴趣连续10小时以上？（　　）

7）你是否有保存重要资料的习惯，并且能井井有条条地整理，以备需要时可以随时提取查阅？（　　）

8）在学习生活中，你是否热衷于班级工作？（　　）

9）无论成绩如何，你是否喜欢参加音乐、艺术、体育课程？（　　）

10）在求学期间，你是否曾经带动同学完成一项由你领导的大型活动，如运动会、歌唱比赛等？（　　）

11）你特别关心别人的需要和要求吗？（　）

12）你喜欢竞赛吗？享受自己在竞赛中的良好表现吗？（　）

13）当你为别人工作时，发现其管理方式不当，你是否会想出适当的管理方式并建议改进？（　）

14）当你需要帮助时，你是否能充满自信地要求并且说服别人来帮助你？（　）

15）当你需要经济支援时，你是否能很容易说服别人掏钱给你？（　）

16）当你要完成一项重要工作时，你是否总是给自己足够时间仔细完成？（　）

17）参加重要聚会时，你是否准时赴约？（　）

18）你是否有能力安排恰当的环境，使你在工作时能不受干扰而专心工作？（　）

19）你交往的朋友中是否许多是有成就、有智慧、有远见、老成稳重型的人？（　）

20）你在学校社团中，被认为是受欢迎的人物吗？（　）

21）你自认是个好的理财者吗？（　）

22）你愿意为钱辛苦工作吗？你是否可以为了赚钱而牺牲个人娱乐？（　）

23）你是否总是独自挑起责任的担子、彻底了解工作目标并认真执行工作？（　）

24）你在工作时，是否有足够的耐心与耐力？（　）

25）你是否能在短时间内结交许多新朋友？（　）

以上答案回答“是”得1分，回答“否”则不计分。请统计你所得的分数，参考以下结果说明，评估自己的创业潜力。

结果说明：

0～5分：你目前并不适合自己创业，应当训练自己为别人工作的技能。

6～10分：你需要在旁人的指导下去创业，才有创业成功的机会。

11～15分：你非常适合自己创业，但在所有答案为“否”的问题中，你必须分析自己的问题并加以纠正。

16～20分：你个性中的特质足以使你从小事慢慢开始，并从妥善管理中获得经验，成为成功的创业者。

21～25分：你有无限的潜能，只要懂得掌握时机和运气，你将是未来的商业巨子。

活动三　结识有创造力的我

根据学生情况，进行简单分组，然后组织下面的热身活动。

1. 请同学们用5种感官来向大家介绍自己

我的姓名是：________________________________

我是一名：____________________________（如旅行者）

请利用 5 种感官来介绍你自己

我看起来像：________________（如一棵大树）

我闻起来像：________________（如兰花的清香）

我摸起来像：________________（如一个气泡）

我听起来像：________________（如山泉流水）

我品尝起来像：________________（如巧克力冰激凌）

我最近的冒险经历是：________________

2. 相关讨论

1）同学们如何评价这种用右脑思维介绍自己的方式？是否有在众人面前暴露自己而不自在的感觉？

____

____

2）威廉·詹姆士曾经说过："人类能通过改变他们思维的态度来改变他们的生活。"同学们对这句名言有何见解？

____

____

比如：①人可以改变。

②人们的态度影响自身的行为方式。

③一个人认为自己是什么样的人，就会不自觉地做成什么样的人。

3）你认为本课程中可能会遇到的最糟糕的事情是什么？

____

3. 总结反思

____

____

____

（资料来源：佚名，2017. 破冰游戏[EB/OL]. https://wenku.baidu.com/view/ff3f05063d1ec5da50e2524de518964bcf84d2d4.html，略有改动。）

活动四　从电影《中国合伙人》看创业的价值

回忆电影《中国合伙人》的有关情节，思考并分析：创办新梦想事业的过程中，创业对于电影主人公成东青、孟晓骏和王阳三人，在创业的不同阶段有哪些意义和价值？然后进一步分析：新梦想事业对于他人和社会有哪些影响和价值？

____

____

____

第十二章　大学生就业准备

案例导读

投身西部的建设者

黄某，江汉大学 2017 届美术学院综合美术专业毕业生，立志投身西部基层建设。在进藏一年工作期间，他始终满怀一名青年党员干部的激情和赤诚，本着“务实勤干、团结奋进、脚踏实地”的工作原则，让青春在雪域高原上散发出生命之光。

1. 勤于学习，转换身份，践行当代青年价值

从一名应届毕业生到一名基层公务员，从繁华的大都市到世界屋脊的西藏阿里，他明白，这不仅是身份的转变，更多的是心态上的转变，最初的兴奋和激情过后，更多的是需要他着眼于实际，着眼于本职工作，不断学习，提高自身业务水平。同时，他也了解只有思想指导实践，才能更好地开展工作，所以他积极学习党的最新理论成果，深入学习领会习近平新时代中国特色社会主义思想，用党的先进理论知识武装头脑。一年来，形成了学习笔记 2 本，学习心得体会 12 篇。他相信好的经验是让工作事半功倍的基础，他开始利用闲暇积极向老前辈、老同志学习，虚心接受领导、同事的批评和建议，并坚持学语言、长经验，始终做到与农牧民群众打成一片。

2. 脚踏实地，从小事做起，赋予生命新的意义

他到革吉县纪委后，负责单位材料的写作和扶贫相关工作，始终做到跑在一线、干在一线。为了让扶贫工作开展得更加顺利，他跟随领导和同事积极深入贫困户家中详细了解情况，认真分析致贫原因，想方设法出思路、谋实事。在深入贫困户家中时，许多农牧民群众汉语水平不高，产生了交流障碍。为了及时了解和帮助群众，他开始学习藏语，现在已经能用一些简单的藏语和群众交流。一年时间他将全单位负责帮扶的贫困户走了一遍，对扶贫相关工作各项数据熟记于心，从开始的处处无从下手，逐渐成长为单位开展扶贫工作的行家里手。他用实际行动证明了只有做到想群众之所想、急群众之所急、解群众之所困，才能更快地熟悉工作、干好工作，才能真正实现工作的意义、人生的价值。

3. 下定决心，踏实工作，不辜负党和人民的期望

他始终坚持“虽然西藏海拔高，但政治觉悟要更高；西藏气压低，但工作标准不能低”的工作理念，时刻对自己从严要求，决不搞特殊。认真践行“老西藏精神”、“两路精神”和“阿里精神”，以奉献青春的勇气、脚踏实地的工作作风、勤政为民的工作原则，积极向农牧民群众宣讲党的十九大精神和脱贫攻坚的相关政策，真正把党的好政策宣传到位、落实到位，引导农牧民群众感党恩、听党话、跟党走，为建设小康革吉贡献自己的一份力量。

（资料来源：根据江汉大学学生案例改编。）

第一节 大学生就业流程

全国普通高校毕业生就业工作程序和时间安排由教育部统一部署。中央各有关部委和各省、自治区、直辖市按照教育部的统一部署指导和管理所属高校毕业生的就业工作。

一、高校毕业生就业指导中心的一般就业程序

高校毕业生就业指导中心根据上级主管部门统一部署的就业工作程序和时间，制订计划，统一安排和指导各院系部的毕业生就业工作。一般而言，高校毕业生就业指导中心的就业程序如下。

1）进行毕业生资格审查。

2）收集、整理和发布毕业生供需信息。

3）就业指导和就业教育。

4）供需见面及双向选择。

5）编制建议性就业方案，办理毕业生就业手续。

6）按下达的就业方案办理毕业生就业手续。

7）毕业生文明离校教育。

8）调整改派及遗留问题。

作为应届毕业生，在什么时间段求职就业是他们关注的问题。表 12-1 为毕业生就业年历。

表 12-1 毕业生就业年历

时间	择业阶段	所做工作
7～8 月	基础准备	择业中所有个人材料的整理与收集（如获奖证书、发表论文或作品、参加各种重要活动的照片等）

续表

时间	择业阶段	所做工作
9月	择业前准备	就业技巧的培训与提高；个人自荐材料的准备；面试的物质准备（如服饰、资金等）；信息表格的填写；了解就业政策；分析各种就业形势；锁定就业意向
10～12月	第一择业高峰	运用获得的就业信息，开始有针对性地择业应聘
次年1～2月	调整	总结和反思择业中的得失，调整择业心态和目标，力争择业能力的再提高
次年3～5月	第二择业高峰	再次为择业成功而努力。同时，这一阶段也是考研失利的同学择业的最佳时期
次年6月	岗前准备	根据已确定的职业角色要求，做好岗前准备，办理毕业离校手续

二、大学生就业程序

大学生在就业前应对自己的就业流程做到胸中有数。大学毕业生就业的一般程序如下。

（一）了解有关的就业政策

认真分析就业形势，了解必要的就业政策，特别是拟就业地区和本校的就业形势与相关就业政策，这直接关系毕业生择业的成败。

（二）收集和处理就业信息

就业信息是毕业生求职择业的前提和必备条件。毕业生应当及时、全面地掌握有关就业方面的各种信息，并认真对这些信息进行分析、筛选、整理，最终做出正确判断，明确求职择业的目标与方向。

（三）做好择业的思想准备和心理准备

要做好求职择业的思想准备，首先要解放思想，转变观念。现在，统包统分的就业制度已经为新的就业制度所取代，上大学已不是职业的保证，而只是提高自身素质的途径。目前，一些大城市和高层次的用人单位经过多年的补充，人才已经逐渐饱和。中小城市、乡镇基层单位、非国有企业已成为接收毕业生的广阔渠道。因此，大学生应该更新就业观念，做好思想准备，以适应新的就业形势。同时，面对众多的竞争对手，也要做好心理准备。

（四）准备自荐材料

根据自己的求职意向，要准备好求职信、个人简历和各种证明自己学历、能力的自荐材料。

（五）参加各类招聘会

供需见面、双向选择是高等学校和用人单位协商落实毕业生就业计划而进行的一系列相互沟通的活动，是毕业生就业的重要手段。毕业生要积极参加各类招聘会，了解人才市场需求和用人单位情况，以筛选适合自己的就业目标。

（六）投递简历

根据自己的求职目标和用人单位的招聘信息，可以选择在招聘会现场或网上投递自己的简历。投递简历比较多时，要做好投递记录，管理好自己的求职过程。

（七）参加面试和笔试

用人单位都需要通过一轮或几轮面试，来做出最终选择。面试在整个求职过程中是最为关键的一个环节，毕业生要充分重视并做好充足的准备。有的用人单位为测试应聘者的知识和综合素质，除了面试外，还要增加笔试来筛选适合自己的人才。

（八）签订协议

毕业生与用人单位达成就业意向后，签订就业协议书，经高校就业指导中心审核后，列入就业方案。

（九）报到

根据就业协议书约定，大学生领取报到证、毕业证后，按时到就业单位报到，开始自己的第一份工作。

第二节 大学生就业材料

从某种意义上讲，毕业是大学生从学生身份到工作者身份的转换，从开始找工作、签订就业协议书、办理派遣报到到入职签订劳动合同的过程。具体来说，就是毕业生找工作、通过毕业审核、办理离校手续等一系列过程。在整个流程中，涉及就业协议书、报到证、劳动合同三个重要内容。

一、就业协议书

就业协议书是应届毕业生在第一次就业时签署的协议，由毕业生、学校和用人单位三方签订，也称为三方协议。它包括三部分内容：①毕业生情况及意见，由毕业生本人填写；②用人单位情况及意见，由用人单位填写；③学校意见，由学校填写。毕业生与用人单位签订完就业协议书，应及时将就业协议书上交学校。学校根据就业协议书编制就业方案，并上报至省级毕业生就业主管部门。经审核通过后，办理毕业生就业手续（报到证）及户口、档案迁转手续。

二、报到证

报到证同时附有一份派遣证。派遣证在毕业后将放入毕业生的档案中。报到证是个人到单位报到、迁移户口和档案的凭证，由毕业生拿着去单位报到，完成档案和户口转移手续。其中，报到期限一般为 3 个月。毕业生在领取报到证后，应在规定的报到期限内到用人单位报到，若因某种原因不能按期报到，应书面通知用人单位，否则用人单位有权追究其责任。

三、劳动合同

劳动合同是劳动者与用人单位确立劳动关系、明确双方权利和义务的协议。建立劳动关系应当订立劳动合同。

下面主要介绍就业协议书与劳动合同的区别，具体如表 12-2 所示。

表 12-2　就业协议书与劳动合同的区别

项目	就业协议书	劳动合同
主体不同	就业协议书适用于应届毕业生、用人单位、学校三方之间，学校既是毕业生与用人单位签约的管理方，也是就业协议书的签约方	劳动合同只适用于劳动者与用人单位之间，与学校无关
主体地位不同	毕业生与用人单位处于平等主体的地位。学校有着双重主体的身份：一方面以平等主体的地位参与就业协议书的签订；另一方面又作为管理者，按照有关规定制约着毕业生与用人单位的签约行为	劳动者在与用人单位签订劳动合同时，双方的法律地位是平等的
内容不同	就业协议书的主要作用在于将毕业生与用人单位双方互相选择的关系确定下来，一般并没有详细规定双方具体的权利与义务	劳动合同是用人单位在与劳动者确定工作关系之后签订的关于双方权利与义务的协议
签订时间不同	就业协议书是毕业生与用人单位通过双向选择达成就业意向后签订的，一般是在毕业前或派遣期内发生	劳动合同是在毕业生到用人单位报到、试用之前签订的
适用的法律、法规不同	就业协议书适用于教育部颁布的《普通高等学校毕业生就业工作暂行规定》和毕业生就业主管部门制定的有关政策，以及学校据此制定的实施细则	劳动合同适用《劳动法》、《劳动合同法》及人力资源和社会保障部颁布的有关方面的规章

四、户口

关于户口问题，也是许多毕业生容易忽视的问题。如果入学时户口迁到学校，毕业时可以把户口迁到单位所在地，或者迁回生源地，或者迁到人才服务中心入集体户。学校会根据报到证迁出户口，毕业生拿着报到证回生源地或者单位报到，就可以完成迁户口手续。如果入学时户口没有迁到学校，毕业生可以拿报到证回生源地迁户口，或者迁到单位所在地，或者迁到人才服务中心入集体户，或者不迁均可。

五、档案

档案包含学籍档案和党团档案，学籍档案包含个人高考成绩、在校学习成绩、家庭状况、在校期间表现和奖惩情况等。毕业生的人事档案由学籍档案转换而来，是指毕业生毕业后，在其学籍档案中放入该毕业生的报到证，然后由学校将档案转交毕业生就业单位的人事部门或委托的人才服务中心，这时的学籍档案正式成为人事档案。党团档案是学生党团员发展中的所有备案材料。其中，学籍档案是学校根据派遣方案，通过指定邮寄渠道邮寄到档案接收地点，党团档案需要从所在院系转出到工作地点、人才市场或者生源地。

第三节　大学生就业相关政策

近年来，中央各有关部门出台了多个引导和促进高校毕业生就业的专项政策。下面从大学生基层就业、创业、应征入伍、困难帮扶 4 个方面的就业政策进行介绍。

一、基层就业

（一）鼓励高校毕业生到基层、到中西部地区就业

基层就业就是到城乡基层工作。近年来，国家出台了一系列优惠政策鼓励高校毕业生积极参加社会主义新农村建设、城市社区建设和应征入伍。一般来讲，基层既包括广大农村，也包括城市街道社区；既涵盖县级以下党政机关、企事业单位，也包括社会团体、非公有制组织和中小企业；既包括单位就业，也包括自主创业、自谋职业。

（二）中央有关部门实施的基层就业项目

近年来，中央各有关部门主要组织实施了 5 个引导高校毕业生到基层就业的专门项目，包括：中国共产主义青年团中央委员会、教育部、财政部、人事部（现为人力资源和社会保障部）等四部门从 2003 年起组织实施的“大学生志愿服务西部计划”；中共中

央组织部、人事部（现为人力资源和社会保障部）、教育部等八部门从2006年开始组织实施的“三支一扶”（支教、支农、支医和扶贫）计划；教育部、财政部、人事部（现为人力资源和社会保障部）、中央机构编制委员会办公室等四部门从2006年开始组织实施的“农村义务教育阶段学校教师特设岗位计划”；中共中央组织部、教育部、财政部、人力资源和社会保障部等部门从2008年起组织实施的“选聘高校毕业生到村任职工作”；农业部（现为农业农村部）、人力资源和社会保障部、教育部等部门从2013年起组织实施的“农业技术推广服务特设岗位计划”。

1. 中央有关部门实施的基层就业项目简介

（1）“大学生志愿服务西部计划”

“大学生志愿服务西部计划”由中国共产主义青年团中央委员会牵头，教育部、财政部、人事部（现为人力资源和社会保障部）共同组织实施。从2003年开始，每年招募1.8万名普通高等学校应届毕业生，到西部贫困县的乡镇从事为期1～3年的教育、卫生、农技、扶贫以及青年中心建设和管理等方面的志愿服务工作。

（2）“三支一扶”计划

“三支一扶”是支教、支医、支农、扶贫的简称。2006年，中共中央组织部、人事部（现为人力资源和社会保障部）、教育部等八部门下发《关于组织开展高校毕业生到农村基层从事支教、支农、支医和扶贫工作的通知》（国人部发〔2006〕16号），以公开招募、自愿报名、组织选拔、统一派遣的方式，从2006年开始连续5年，每年招募2万名高校毕业生，主要安排到乡镇从事支教、支农、支医和扶贫工作。服务期限一般为2～3年。招募对象主要为全国普通高校应届毕业生。

2011年4月，人力资源和社会保障部等八部门下发《关于继续做好高校毕业生“三支一扶”计划实施工作的通知》（人社部发〔2011〕27号），决定继续组织开展高校毕业生“三支一扶”计划，从2011年起，每年选拔2万名，五年内选拔10万名高校毕业生到基层从事“三支一扶”服务。

（3）“农村义务教育阶段学校教师特设岗位计划 ”

2006年，教育部、财政部、人事部（现为人力资源和社会保障部）、中央机构编制委员会办公室下发《关于实施农村义务教育阶段学校教师特设岗位计划的通知》（教师〔2006〕2号），联合启动实施“特岗计划”，公开招募高校毕业生到西部“两基”攻坚县县以下农村义务教育阶段学校任教。特岗教师聘期3年。

（4）“选聘高校毕业生到村任职工作”

2008年，中共中央组织部、教育部、财政部、人力资源和社会保障部出台了《关于印发〈关于选聘高校毕业生到村任职工作的意见（试行）〉的通知》（组通字〔2008〕18号），计划用5年时间选聘10万名高校毕业生到农村担任村党组织书记助理、村委会主任助理或村团组织书记、副书记等职务。从2010年开始，扩大选聘规模，选聘的高校毕业生在村工作期限一般为2～3年。

选聘对象为 30 岁以下应届毕业生和往届毕业的全日制普通高校专科以上学历的毕业生，重点是应届毕业和毕业 1～2 年的本科生、研究生，原则上为中共党员（含预备党员），非中共党员的优秀团干部、优秀学生干部也可以选聘。

选聘高校毕业生到村任职的基本条件如下。

1）思想政治素质好，作风踏实，吃苦耐劳，组织纪律观念强。

2）学习成绩良好，具备一定的组织协调能力。

3）自愿到农村基层工作。

4）身体健康。

此外，参加人力资源和社会保障部、中国共产主义青年团中央委员会等部门组织的到农村基层服务的“三支一扶”“大学生志愿服务西部计划”等活动期满的高校毕业生，本人自愿且具备选聘条件的，经组织推荐可作为选聘对象。

选聘工作一般通过个人报名、资格审查、组织考察、体检、公示、决定聘用、培训上岗等程序进行。

（5）“农业技术推广服务特设岗位计划”

“农业技术推广服务特设岗位计划”由农业部（现为农业农村部）牵头，人力资源和社会保障部、教育部和科技部共同组织实施。从 2013 年开始，每年招募一批普通高等学校应届毕业生，到乡镇或区域性农业技术推广机构从事为期 2～3 年的农业技术推广、动植物疫病防控、农产品质量安全服务等工作。

2. 参加中央有关部门实施的基层就业项目，服务期满后享受的优惠政策

（1）公务员招录优惠

每年拿出公务员考录计划的一定比例，专门用于定向招录服务期满且考核称职（合格）的服务基层项目人员。服务基层项目人员也可报考其他职位。

（2）事业单位招聘优惠

鼓励在项目结束后留在当地就业，参加各基层就业项目相对应的自然减员空岗，全部聘用服务期满的高校毕业生。从 2009 年起，到乡镇事业单位服务的高校毕业生服务满 1 年后，在现岗位空缺的情况下，经考核合格，即可与所在单位签订不少于 3 年的聘用合同。同时，各省（自治区、直辖市）及县以上相关的事业单位公开招聘工作人员，应拿出不低于 40%的比例，聘用各专门项目服务期满考核合格的高校毕业生。

（3）考学升学优惠

服务期满后 3 年内报考硕士研究生初试总分加 10 分；同等条件下优先录取；高职（高专）学生可免试入读成人本科。

（4）国家补偿学费和代偿助学贷款政策

参加各基层就业项目的毕业生，符合规定条件的，可享受相应的学费补偿和助学贷款代偿政策。本专科学生每人每年最高不超过 8000 元，研究生每人每年最高不超过 12000 元。

服务期满自主创业的，可享受税收优惠、行政事业性收费减免、小额贷款担保和贴息等有关政策。

（5）其他

各基层就业项目服务年限计算工龄。服务期满到企业就业的，按照规定转接社会保险关系。

另外，湖北省高校毕业生参加以上基层就业项目，到艰苦地区就业的，可以申请学费补偿。《湖北省普通高校毕业生到艰苦地区基层单位就业学费补偿管理办法》规定，湖北省高校毕业生凡到艰苦地区基层单位就业，可以实行学费补偿政策，到湖北省 36 个比照西部政策的县、市及林区基层单位就业，服务协议期在 3 年及以上的可以申请学费补偿。对获得学费补偿资格的高校毕业生分年度发放补偿金，从到岗满 1 年后逐年发放，每年补偿学费总额的 1/3，连续 3 年补偿完毕。符合条件的高校毕业生个人在就业次年提出学费补偿申请，申请人每年 7 月 1 日～7 月 15 日向就业所在地教育局县、市、区学生资助管理中心递交申请材料申请。申请材料包括：学费补偿申请表；缴纳学费的相关证明材料；就业单位的工资证明；身份证、学历证书、银行借记卡、就业协议书或劳动合同等复印件。此外，对于到基层艰苦地区就业的毕业生，学校也给予了一些政策支持，如一次性奖励 3000 元，考研加 10 分，在人员招聘中同等条件下优先录用等政策。

（三）积极聘用优秀高校毕业生参与国家和地方重大科研项目

高校毕业生在参与项目研究期间，享受劳务性费用和有关社会保险补助，户口、档案可存放在项目单位所在地或入学前家庭所在地人才服务中心。聘用期满，根据需要可以续聘或到其他岗位就业，就业后工龄与参与项目研究期间的工作时间合并计算，社会保险缴费年限连续计算。

二、创业

（一）国家鼓励和支持高校毕业生到中小企业就业和自主创业

1）对企业招用非本地户籍的普通高校专科以上毕业生，各地城市应取消落户限制（直辖市按有关规定执行）。

2）为到中小企业就业的高校毕业生提供档案管理、人事代理、社会保险办理和接续等方面的服务。

3）从事个体经营符合条件的，免收行政事业性收费并享受国家相关扶持政策。

4）登记失业并自主创业的，如自筹资金不足，可申请 5 万元小额担保贷款；对合伙经营和组织起来就业的，可按规定适当提高贷款额度。

5）参加创业培训的，按规定给予职业培训补贴。

6）灵活就业并符合规定的，可享受社会保险补贴政策。

（二）湖北省高校大学生创业优惠政策

湖北省高校大学生创业，按规定可以获得2万～20万元的无偿扶持，自毕业学年起3年内在湖北省初次创业，符合规定条件的可在创业地申请5000元的一次性创业补贴，毕业5年内和在校大学生在经认定的创业孵化基地创业，可享受每年最高18000元的场租水电费补贴。湖北省依法开办个体工商户，自主、合伙经营及创办小微企业的城乡劳动者，以及吸纳就业达到规定条件的小企业，均可申请创业担保贷款。对个体经营的创业担保贷款额度不超过10万元，合伙经营、创办小微企业或组织起来就业的，可按每人不超过10万元、总额不超过50万元的额度实行“捆绑式”贷款，在贷款期限内给予全额财政贴息。

三、应征入伍

国家鼓励高校毕业生应征入伍服义务兵役。

1）由政府补偿学费，代偿助学贷款。

2）在选取士官、考军校、安排到技术岗位等方面优先。

3）具有高职（高专）学历的，退役后免试入读成人本科；或经过一定考核，入读普通本科。

4）在考研上，设立了“退役大学生士兵”专项硕士研究生招生计划，招生计划单列，不得挪用。将在校期间服兵役学生纳入推免生体系，退役人员在继续实行普通高校应届毕业生退役后按规定享受加分政策的基础上，完成本科学业3年内参加全国硕士研究生招生考试初试总分加10分，同等条件下优先录取；在复学政策上，允许2年内复学或入学，且经学校同意，履行相关程序后可转入本校其他专业学习；如果是退役专科生，在专升本招生中，实行计划单列的政策。在政法干警招录上，各地拿出政法干警招录培养体制改革试点招录培养计划的20%左右，用于招录大学生退役士兵，不再实行加分政策。在就业方面，退役高校毕业生士兵可以享受就业信息、重点推荐、就业指导等就业服务。

四、困难帮扶

国家加强对贫困家庭高校毕业生就业帮扶工作。

1）就业困难和零就业家庭的高校毕业生，享受公益性岗位安置、社会保险补贴、公益性岗位补贴等就业援助政策。

2）机关、事业单位免收招聘报名费和体检费。

3）高校可根据实际情况给予适当的求职补贴。

4）对离校后未就业回到原籍的高校毕业生，由各地公共就业服务机构免费提供就业服务并组织就业见习和职业技能培训。

5）困难大学生是精准就业帮扶的重点对象。对于困难大学生，湖北省在就业信息提供、就业指导教育等方面都给予重点帮扶，而且在求职中以每人800元的标准给予一次性求职补贴。补贴对象是有就业意愿并积极求职的，享受城乡居民最低生活保障的家庭、已获得国家助学贷款的、社会孤儿、烈属和残疾毕业生。毕业当年3月31日前向所在学院提出，由学校报上级部门审核后，财政部门将资金直接拨付到毕业生个人账户。

训练活动

活动一　你了解最新的就业政策吗

1）你对国家公务员的制度有多少了解？

____

2）与用人单位签订劳动合同时需要注意什么？

____

3）国家在就业准入和人事代理上有什么规定？

____

4）学校针对毕业生就业提出了什么方针和政策？

____

活动二　圈定就业意向

1）我毕业后的主要选择是：__________。（选择主要包括就业、升学、留学、自由职业和创业等）

2）选择该出路的主要理由是：

①__________；

②__________；

③__________。

3）选择该出路，支持资源或优势在于：

①__________；

②__________；

③__________。

4）选择该出路，主要困难或不利条件是：

①__________；

②__________；

③__________。

5）实现该毕业选择的目标，具体要求有：

①__________；

②____；

③____。

6）实现该毕业选择的目标，目前的差距在于：

①____；

②____；

③____。

7）为了缩短差距，实现目标，现制定以下策略和实施方案：

①____；

②____；

③____。

活动三　就业 SWOT 分析

先看以下案例：

SWOT 决策分析实例

小高是某高校计算机专业学生，在校期间专业成绩优秀，多次深入企业进行实习实训且一直担任学生干部，得到了老师和同学们的认可。但是小高性格有些急躁，遇事易冲动，有时很难踏踏实实地完成工作。现在，小高面临毕业，想找一份与专业相关的工作。表 12-3 为小高的 SWOT 决策分析。

表 12-3　小高的 SWOT 决策分析

		外部因素	
		机会 ① 计算机方面人才需求旺盛 ② 计算机行业发展前景不错 ③ 计算机人才较受重视	挑战 ① 就业竞争激烈 ② 经济形势影响企业招聘 ③ 企业更加看重实际经验
自身因素	优势 ① 专业成绩优秀 ② 学生干部经历 ③ 企业实习经历 ④ 人际关系和谐	“优势—机会”策略 ① 发挥专业优势，融入企业 ② 发挥担任学生干部的优势 ③ 加强人际沟通，打动招聘官	“优势—挑战”策略 ① 准确定位竞争优势 ② 强调自身学习适应能力 ③ 合理明确就业定位
	劣势 ① 工作阅历缺乏 ② 性格急躁，容易冲动	“劣势—机会”策略 ① 增加跨行业实习经验 ② 学习职业技能课程 ③ 完善自身性格	“劣势—挑战”策略 ① 克制冲动的个性 ② 加强学习，差异化竞争 ③ 积极寻找能够发挥自身优势的企业
职业决策结论		定位于本区域内中小型软件开发企业，从事具体的软件设计与开发工作，在工作中进一步提升自己	

看过小高的 SWOT 分析实例，同学们是否受到启发？结合自身实际情况，做一份自己的 SWOT 分析记录表（表 12-4），进一步了解自己，明确自己的职业决策目标。

表 12-4　我的 SWOT 决策分析

<table>
<tr><td colspan="2" rowspan="2"></td><td colspan="2">外部因素</td></tr>
<tr><td>机会
①
②
③</td><td>挑战
①
②
③</td></tr>
<tr><td rowspan="2">自身因素</td><td>优势
①
②
③</td><td>“优势—机会”策略
①
②
③</td><td>“优势—挑战”策略
①
②
③</td></tr>
<tr><td>劣势
①
②
③</td><td>“劣势—机会”策略
①
②
③</td><td>“劣势—挑战”策略
①
②
③</td></tr>
<tr><td colspan="2">职业决策结论</td><td colspan="2"></td></tr>
</table>

活动四　头脑风暴：大学生创业与大学生就业的差别

请填写表 12-5，体会大学生创业与大学生就业的差别。

表 12-5　大学生创业与大学生就业的差别

项目	大学生创业	大学生就业
担当的角色		
要求的技能		
收益与风险		
成功依赖的因素		

参 考 文 献

查尔斯·汉普登-特纳，2017. 创新与创业教育[M]. 武晓哲，吴瑕，译. 北京：商务印书馆.

陈国梁，王延峰，2018. 大学生创新创业理论与实践导论[M]. 北京：科学出版社.

顾明远，曲恒昌，2015. 创新与创业：21世纪教育的新常态[M]. 济南：山东教育出版社.

郝文静，2015. 大学生就业指导[M]. 北京. 科学技术文献出版社.

洪露，2015. 应用型本科高校创业人才培养策略研究[J]. 教育教学论坛（13）：203-204.

李利荣，2015. 关于应用型高校大学生创业园建设的思考[J]. 职业（9）：147-148.

梁正瀚，2014. 应用型本科高校创业文化建设策略研究[J]. 品牌（下半月）（12）：119，121.

刘德智，吴弘，郑炳章，2015. 知识创新与创业管理[M]. 北京：清华大学出版社.

苏文平，2018. 大学生职业生涯规划与就业指导[J]. 北京：中国人民大学出版社.

孙桂生，2017. 从0到1：创新型创业实践方法[M]. 北京：现代教育出版社.

孙洪义，2016. 创新创业基础[M]. 北京：机械工业出版社.

汤锐华，2016. 大学生创新创业基础[M]. 北京：高等教育出版社.

汪琦，张国宝，2014. 应用型本科高校创业教育课程体系建设研究[J]. 安徽科技学院学报（5）：57-59.

王波，唐学华，2014. 应用型高校创新创业教育的实践与思考[J]. 宿州学院学报（12）：103-105.

王文韬，2014. 应用型高校创业教育教学课程现状研究与思考[J] .市场周刊（理论研究）（4）：155-157.

吴婷，2014. 应用型本科院校创业型人才培养路径的研究[D]. 哈尔滨：哈尔滨理工大学.

附录 我国对产业、行业的划分及概述

（一）我国对产业的划分及概述

根据《国民经济行业分类》（GB/T 4754—2017），国家统计局2018年对《三次产业划分规定（2012）》中行业类别进行了对应调整，如附表1所示。

1. 第二产业调整情况

“石油加工、炼焦和核燃料加工业”更名为“石油、煤炭及其他燃料加工业”，并将2011版《国民经济行业分类》4500中部分内容和4120全部内容调到此类；

“建筑装饰和其他建筑业”更名为“建筑装饰、装修和其他建筑业”。

2. 第三产业调整情况

“农、林、牧、渔服务业”更名为“农、林、牧、渔专业及辅助性活动”；

“开采辅助活动”更名为“开采专业及辅助性活动”；

“装卸搬运和运输代理业”更名为“多式联运和运输代理业”，并将2011版《国民经济行业分类》5810调出此类；

“仓储业”更名为“装卸搬运和仓储业”，并将2011版《国民经济行业分类》5810调至此类；

“房地产业”内容变更，将2011版《国民经济行业分类》7090部分内容调出；

新增大类“土地管理业”，将2011版《国民经济行业分类》7090部分内容调至此类；

“广播、电视、电影和影视录音制作业”更名为“广播、电视、电影和录音制作业”；

“基层群众自治组织”更名为“基层群众自治组织及其他组织”。

附表 1　三次产业分类[①]

三次产业分类	《国民经济行业分类》（GB/T 4754—2017）		
	门类	大类	名称
第一产业	A		**农、林、牧、渔业**
		01	农业
		02	林业
		03	畜牧业
		04	渔业
第二产业	B		**采矿业**
		06	煤炭开采和洗选业
		07	石油和天然气开采业
		08	黑色金属矿采选业
		09	有色金属矿采选业
		10	非金属矿采选业
		12	其他采矿业
	C		**制造业**
		13	农副食品加工业
		14	食品制造业
		15	酒、饮料和精制茶制造业
		16	烟草制品业
		17	纺织业
		18	纺织服装、服饰业
		19	皮革、毛皮、羽毛及其制品和制鞋业
		20	木材加工和木、竹、藤、棕、草制品业
		21	家具制造业
		22	造纸和纸制品业
		23	印刷和记录媒介复制业
		24	文教、工美、体育和娱乐用品制造业
		25	石油、煤炭及其他燃料加工业
		26	化学原料和化学制品制造业

① 国家统计局，2018. 关于修订《三次产业划分规定（2012）》的通知[EB/OL]. http://www.stats.gov.cn/tjsj/tjbz/201804/t20180402_1591379.html.

续表

三次产业分类	《国民经济行业分类》（GB/T 4754—2017）		
	门类	大类	名称
第二产业		27	医药制造业
		28	化学纤维制造业
		29	橡胶和塑料制品业
		30	非金属矿物制品业
		31	黑色金属冶炼和压延加工业
		32	有色金属冶炼和压延加工业
		33	金属制品业
		34	通用设备制造业
		35	专用设备制造业
		36	汽车制造业
		37	铁路、船舶、航空航天和其他运输设备制造业
		38	电气机械和器材制造业
		39	计算机、通信和其他电子设备制造业
		40	仪器仪表制造业
		41	其他制造业
		42	废弃资源综合利用业
	D		**电力、热力、燃气及水生产和供应业**
		44	电力、热力生产和供应业
		45	燃气生产和供应业
		46	水的生产和供应业
	E		**建筑业**
		47	房屋建筑业
		48	土木工程建筑业
		49	建筑安装业
		50	建筑装饰、装修和其他建筑业
第三产业（服务业）	A	05	**农、林、牧、渔专业及辅助性活动**
	B	11	**开采专业及辅助性活动**
	C	43	**金属制品、机械和设备修理业**

续表

三次产业分类	《国民经济行业分类》(GB/T 4754—2017)		
	门类	大类	名称
第三产业（服务业）	F		**批发和零售业**
		51	批发业
		52	零售业
	G		**交通运输、仓储和邮政业**
		53	铁路运输业
		54	道路运输业
		55	水上运输业
		56	航空运输业
		57	管道运输业
		58	多式联运和运输代理业
		59	装卸搬运和仓储业
		60	邮政业
	H		**住宿和餐饮业**
		61	住宿业
		62	餐饮业
	I		**信息传输、软件和信息技术服务业**
		63	电信、广播电视和卫星传输服务
		64	互联网和相关服务
		65	软件和信息技术服务业
	J		**金融业**
		66	货币金融服务
		67	资本市场服务
		68	保险业
		69	其他金融业
	K		**房地产业**
		70	房地产业
	L		**租赁和商务服务业**
		71	租赁业
		72	商务服务业
	M		**科学研究和技术服务业**

续表

三次产业分类	《国民经济行业分类》（GB/T 4754—2017）		
	门类	大类	名称
第三产业（服务业）		73	研究和试验发展
		74	专业技术服务业
		75	科技推广和应用服务业
	N		**水利、环境和公共设施管理业**
		76	水利管理业
		77	生态保护和环境治理业
		78	公共设施管理业
		79	土地管理业
	O		**居民服务、修理和其他服务业**
		80	居民服务业
		81	机动车、电子产品和日用产品修理业
		82	其他服务业
	P		**教育**
		83	教育
	Q		**卫生和社会工作**
		84	卫生
		85	社会工作
	R		**文化、体育和娱乐业**
		86	新闻和出版业
		87	广播、电视、电影和录音制作业
		88	文化艺术业
		89	体育
		90	娱乐业
	S		**公共管理、社会保障和社会组织**
		91	中国共产党机关
		92	国家机构
		93	人民政协、民主党派
		94	社会保障
		95	群众团体、社会团体和其他成员组织
		96	基层群众自治组织及其他组织
	T		**国际组织**
		97	国际组织

（二）我国对行业的划分及概述

行业是指从事相同性质的经济活动的所有单位的集合。行业分类主要依据按照经济活动性质的同一性进行分类的原则，即主要按企业、事业单位、机关团体和个体从业人员所从事的生产经营活动或其他社会经济活动性质进行行业分类，而不按其所属行政管理分类。某一行业就其实质来说是指从事一种或主要从事一种活动的所有单位的集合体。

我国 2017 年第四次修订的《国民经济行业分类》对行业门类、大类、中类和小类进行了调整。新行业分类标准为 20 个行业门类，97 个行业大类，473 个中类，1380 个小类。主要分类如下：

A. 农、林、牧、渔业
B. 采矿业
C. 制造业
D. 电力、热力、燃气及水生产和供应业
E. 建筑业
F. 批发和零售业
G. 交通运输、仓储和邮政业
H. 住宿和餐饮业
I. 信息传输、软件和信息技术服务业
J. 金融业
K. 房地产业
L. 租赁和商务服务业
M. 科学研究和技术服务业
N. 水利、环境和公共设施管理业
O. 居民服务、修理和其他服务业
P. 教育
Q. 卫生和社会工作
R. 文化、体育和娱乐业
S. 公共管理、社会保障和社会组织
T. 国际组织